Mᵐᵉ CLÉMENCE ROYER

LE BIEN
ET
LA LOI MORALE

ÉTHIQUE ET TÉLÉOLOGIE

*Scit enim Deus quod in quocumque
die comederitis, eo de aperientur
oculi vestri, et eritis sicut dii,
scientes bonum et malum.*
(GENÈSE, ch. III, § 5.)

PARIS
LIBRAIRIE GUILLAUMIN ET Cⁱᵉ
Éditeurs du *Journal des Économistes*, de la *Collection des principaux Économistes*,
du *Dictionnaire de l'Économie politique*, du *Dictionnaire du Commerce*
et de la *Navigation*, etc.
RUE RICHELIEU, 14

LE BIEN
ET
LA LOI MORALE

SAINT-DENIS. — IMPRIMERIE CH. LAMBERT, 17, RUE DE PARIS.

Mme CLÉMENCE ROYER

LE BIEN
ET
LA LOI MORALE

ÉTHIQUE ET TÉLÉOLOGIE

> *Scit enim Deus quod in quocumque die comederitis, ex eo aperientur oculi vestri; et eritis sicut dii, scientes bonum et malum.*
> (GENESE, ch. III, § 5.)

PARIS

LIBRAIRIE GUILLAUMIN ET Cie

Éditeurs du *Journal des Économistes*, de la *Collection des principaux Économistes*, du *Dictionnaire de l'Économie politique*, du *Dictionnaire du Commerce et de la Navigation*, etc.

RUE RICHELIEU, 14

1881

PRÉFACE

Scit enim Deus quod in quocumque die comederitis, ex eo aperientur oculi vestri ; et eritis sicut dii, scientes bonum et malum. (Genèse, ch. III, § 5.)

Tandis que toutes les sciences physiques, et les procédés industriels qui en sont l'application, font des progrès rapides, nos sciences morales, au contraire, restent stationnaires. Elles se perdent dans des discussions d'école où, personne ne pouvant fournir de preuves rigoureusement déduites de principes évidents, chacun garde son sentiment, sans pouvoir démontrer en quoi il est préférable aux sentiments contraires d'autrui. La philosophie, l'éthique, la sociologie tout entière, sauf en ce qui concerne certaines questions purement économiques, sont encore à l'état d'intuitions de conscience, mêlées de préjugés héréditaires et de tendances passionnelles qui résultent, toujours plus ou moins, des intérêts et des égoïsmes de certaines collectivités spéciales.

En vain, certains philosophes allemands ont essayé de renouveler la morale sur les bases nuageuses et flottantes de leur métaphysique subjective. Ils n'ont abouti qu'au nihilisme de Schopenhauer qui ne conçoit, comme but final de l'activité humaine, que l'anéantissement volontaire des êtres conscient dans un *nirvâna* inconscient.

C'est ce qu'un écrivain nommait récemment la *Philosophie du désespoir* faisant appel au génie français pour donner au monde une *Philosophie de l'Espérance*[1].

Cette philosophie de l'espérance est la nôtre.
La loi morale, telle que nous la résumons ici, est *la loi du progrès vers le bonheur*.

Une loi morale faisant du bonheur le but et la fin de l'activité de tous les êtres, tous pour

---

[1] *La morale contemporaine en Allemagne*, par M. Alfred Fouillée. *Revue des Deux Mondes*, 1er mars 1881.

chacun et un pour tous, était impossible en partant de l'ancienne hypothèse dualiste des cartésiens qui, considéraient le monde comme livré à une guerre éternelle entre deux principes irréductibles et antinomiques : l'esprit et la matière.

Les principes chrétiens, qui ont inspiré les philosophes modernes, sciemment ou à leur insu, étaient également en contradiction avec une doctrine où tout être, à la fois fin et moyen, a un égal droit d'être heureux.

Pour la formuler, il manquait à l'épicurisme de mieux connaître les lois physiques du monde et l'école anglaise de l'égoïsme bien entendu n'y pouvait atteindre, ne pouvant conclure qu'à la guerre universelle des égoïsmes rivaux.

Quant au stoïcisme, il était trop exclusivement passif pour concevoir que toute moralité est avant tout une activité et qu'agir vaut mieux que s'abstenir. Le stoïcisme n'a jamais su que laisser le monde livré aux Césars, ou lui donner l'exemple de fakirs, en adoration devant leur nombril, s'exerçant à exister le moins possible, jusqu'à ce qu'ils rentrent dans le non-être de Schopenhauer.

Du reste, une véritable science morale ne pouvait se constituer qu'après les sciences physiques. Plus généralement, la sociologie, ou l'ensemble des sciences morales et politiques, qui comprend la **philosophie de l'humanité**, ne peut prendre rang parmi les sciences exactes, qu'après le développement complet d'une philosophie de la nature.

En effet, la loi qui doit régir l'humanité ne peut se dégager que d'une notion véritablement scientifique de la nature de l'homme lui-même, de sa véritable place dans la série organique et de ses rapports avec les autres êtres vivants.

L'anthropologie, ce dernier anneau des sciences physiques, qui la relie à la série des sciences morales, devait donc être fondée, pour servir de base à la morale, elle-même principe du droit et de la législation. Mais l'anthropologie ne pouvait se dégager que d'une vue d'ensemble de la biologie. Ce sera la gloire d'Auguste Comte d'avoir constaté cette vérité méthodique, contrairement à ceux d'entre ses disciples qui refusent à l'anthropologie une place spéciale dans les sciences, parce que du vivant du maître, elle ne l'occupait pas encore.

La morale, en somme, ne peut donc être que la conclusion dernière d'une philosophie de la nature complète, adéquate à tous les faits réels et à toutes les lois qui les gouvernent. Toute erreur dans la conception totale du monde a pour conséquence des erreurs corrélatives dans la conception du rôle de l'humanité et de la loi qui doit la régir. Pour savoir ce que doit l'homme, il faut savoir ce qu'il est.

Pour qu'une sociologie et une morale vraie fussent possibles, il était donc nécessaire que la théorie héliocentrique, due à Copernic, à Galilée et à Newton, eût remis à sa place dans l'univers la petite planète sur laquelle nous gravitons; et que la théorie de l'évolution, due à Lamarck, à Geoffroy Saint-Hilaire et à

Ch. Darwin, eût également montré que l'homme n'a qu'une supériorité relative dans l'ensemble des êtres vivants terrestres.

Telle était déjà notre conviction, lorsque nous nous sommes donné pour tâche d'élaborer une philosophie nouvelle, d'accord avec les données de la science, répondant aux besoins de notre génération, pouvant satisfaire ses curiosités intellectuelles et servir de règle de conduite aux générations à venir.

Ce livre n'est que la conclusion dernière de cette philosophie, à la fois théorique et pratique, dont j'ai conçu l'idée fondamentale dès l'année 1859 et dont j'ai déjà exposé l'ensemble dans un cours fait à Lausanne pendant l'hiver qui a suivi cette même année; mais que, depuis, j'ai sans cesse travaillé à compléter et que toutes les découvertes récentes de la science confirment.

C'est la dernière conséquence d'une longue chaîne de déductions logiques dont la prémisse majeure est, il est vrai, une hypothèse. Mais c'est une hypothèse inductive qui fait sa preuve en synthésisant tous les faits naturels connus, et en montrant qu'ils sont tous, sans exception, la conséquence d'un fait principe, unique, éternel et universel : l'atome substantiel fluide, infiniment actif, expansif et répulsif.

C'est donc l'éthique d'une métaphysique nouvelle que je présente au public, mais d'une métaphysique qui a la prétention d'être à l'ancienne ce que la chimie est à l'alchimie, et l'astronomie à l'astrologie. C'est le couronnement moral et pratique d'une conception théorique totale du monde, et le faîte d'un édifice complet de la connaissance rationnelle de la nature et de ses lois.

La théorie de l'évolution organique, aujourd'hui devenue populaire, n'est qu'une des conséquences de cette philosophie. C'est pourquoi, conduite, par le principe même qui lui sert de base, à adopter la doctrine de Lamarck, à une époque où elle était encore abandonnée et conspuée par tous les naturalistes soi-disant expérimentaux, je n'ai traduit l'année suivante (1861) le livre de l'*Origine des espèces* de Ch. Darwin que parce qu'il apportait un nouveau faisceau de preuves à ma conviction déjà entière et fondée sur une large induction de la totalité des faits connus.

Voilà pourquoi, aussi, je n'ai pu suivre Ch. Darwin, ni dans ses longues réticences, relativement à l'origine de l'homme, dont il devait s'affranchir seulement dix ans plus tard, ni dans son hypothèse de la Pangénèse, qui creusait de nouveau, entre le monde organique et le monde inorganique cet abîme que la doctrine de l'évolution avait comblé entre la nature animale et la nature humaine, ou plutôt entre ce que jusqu'alors on nommait d'un côté la matière et de l'autre côté l'esprit [1].

Le volume que j'offre aujourd'hui au public a, en effet, pour but principal de montrer que

---

[1] Voyez, préface de la troisième édition de ma traduction française de l'*Origine des Espèces* et mon mémoire publié dans la Revue d'anthropologie, 1877, sous le titre: *Deux hypothèses sur l'Hérédité*.

l'hypothèse dualiste, qui sert de fondement au spiritualisme cartésien, est en contradiction avec un idéal du monde conforme au sentiment de l'équité; que l'on s'est trompé totalement jusqu'ici, aussi bien sur la notion de matière que sur celle d'esprit; que l'hiatus antinomique que l'on a supposé entre les phénomènes physiques et les phénomènes psychiques n'existe pas et que les uns et les autres ne sont que la double manifestation, interne et externe, d'une substance unique, à la fois force, vie et intelligence.

Cette substance unique, toujours identique par ses propriétés fondamentales universelles, est multiple au point de vue du nombre indéfini de ses unités élémentaires et primordiales. Ces unités sont les atomes éternels, incréés, indestructibles, irréductibles et mécaniquement insécables, quoique étendus et impénétrables, mais en même temps sensibles, conscients et spontanément actifs sous des lois fixes. Ils se diversifient seulement par leurs combinaisons,

a.

leurs juxta-positions, leurs manifestations phénoménales complexes, d'ordre toujours dynamique, selon les états différents qu'ils peuvent affecter successivement. Ces modifications d'état, variables en quantité et en intensité, jamais en qualité, et qui n'altèrent jamais leur nature interne, suffisent à produire tous les faits attribués à la matière et à ses forces, aussi bien que ceux qu'on a coutume d'attribuer à l'esprit et à ses facultés. Ils agissent partout et toujours avec autonomie, non seulement comme principes passifs, physiques ou mécaniques, sous la règle des lois mathématiques, mais encore comme principes psychiques et actifs de vie et d'intelligence, c'est-à-dire qu'ils sont capables de sensation, de pensée, de raison, sous l'empire des lois logiques.

Déjà dans une série de mémoires adressés, en 1873, à l'Académie des sciences et dans plusieurs communications faites cette même année et depuis, à l'Association Française pour l'avancement des sciences, j'ai exposé partiellement les principes physiques de cette doctrine et ses applications théoriques à tous les grands faits de la nature, tels que le mouvement, la pesanteur, la chaleur, la lumière, l'électricité, le magnétisme, l'affinité et la cohésion chimiques, la loi des proportions multiples et celle des formes cristallines.

Dans un mémoire sur l'*Hérédité*, publié par la *Revue d'anthropologie* (1877), j'ai cherché à établir que les mêmes principes pouvaient expliquer les phénomènes de la génération et de l'atavisme.

Aujourd'hui, enfin, je montre comment ils offrent un fondement à nos sciences morales et sociales, dans un principe axiome qui peut seul leur fournir la base logique qui leur a toujours manqué jusqu'ici, en les reliant à l'ensemble des sciences mathématiques et physiques, dans un système complet où tout s'enchaîne déductivement.

Toute morale, en effet, repose sur ce double enthymème. *Le bien est aimable, le mal est haïssable; donc il faut aimer le bien et haïr le mal.* La prémisse majeure est sous-entendue dans l'attribut même des deux propositions, puisqu'elle ne peut être restituée que par cette tautologie : *il faut aimer ce qui est aimable et haïr ce qui est haïssable.* Comme première conséquence, il faut produire ou augmenter le bien, c'est-à-dire ce qu'il faut aimer, ce qu'on aime naturellement, et diminuer ou détruire le mal, c'est-à-dire ce qu'on doit haïr, ce que naturellement l'on hait, en vertu même du sens des termes. Jusqu'ici donc nous ne trouvons qu'un axiome évident par lui-même, avec tous ses corollaires, qui ne peuvent pas plus être infirmés que les premiers principes des mathématiques. Ce sont des *a priori* indiscutables. C'est, au fond, tout ce que contient l'impératif catégorique de Kant, et rien de plus.

Le raisonnement *a posteriori* commence dès qu'il faut définir ce qui est bien et ce qui est mal, c'est-à-dire ce qu'il faut aimer et ce qu'il faut haïr ; parce que l'expérience seule peut en décider et qu'elle décide diversement pour chaque catégorie d'êtres et même pour chaque être individuel.

Cependant il n'est pas difficile de démontrer que pour l'universalité des êtres, le premier des biens, c'est, non pas seulement l'existence, mais l'existence consciente, puisque c'est la condition première de tous les autres biens. Donc on peut dire déjà : *tout ce qui augmente dans le monde la quantité d'existence consciente est bien, tout ce qui la diminue est mal.*

Nous arrivons ainsi directement à un premier principe de la loi morale universelle; et le monde lui-même ne pourra être considéré comme bon, qu'à la condition d'en offrir la réalisation absolue, aussi parfaite que possible.

Toute la morale peut se déduire de ce premier principe par une série de syllogismes réguliers dont l'expérience fournit, *a posteriori*, les mineures, plus ou moins générales ou spécifiques, mais qui ne peuvent jamais être, ni absolument universelles, ni strictement individuelles.

En un mot, la série des conséquences déduites du premier principe de l'éthique constitue une casuistique où chaque ordre ou catégorie d'êtres doit avoir son chapitre spécial, lui-même susceptible de divisions ou subdivisions plus ou moins étroites; c'est-à-dire que, s'il n'y a qu'un principe unique pour toutes les morales, chaque classe, genre ou espèce d'êtres n'en a pas moins sa morale propre, constituée par des modes différents d'appliquer le même principe général selon ses conditions d'existence particulières qui font varier les mineures.

Dès 1861, dans la préface de ma traduction de *l'origine des espèces*, j'avais montré comment une doctrine morale nouvelle, véritablement scientifique, pouvait sortir de la théorie de l'évolution organique.

En effet, dans cette préface de l'origine des espèces qui a popularisé en France la doctrine transformiste, nous écrivions [1] :

---

[1] *L'Origine des espèces*, par Ch. Darwin. Traduit par Clé-

« C'est surtout dans ses conséquences morales et humanitaires que la théorie de Ch. Darwin est féconde. Ces conséquences, je ne puis que les indiquer ici ; elles rempliraient à elles seules un livre que je voudrais pouvoir écrire quelque jour. Cette théorie renferme toute une philosophie de la nature et toute une philosophie de l'humanité. Jamais rien d'aussi vaste n'a été conçu en histoire naturelle : on peut dire que c'est la synthèse universelle des lois économiques, la science sociale naturelle par excellence, le code des êtres vivants de toute race et de toute époque. Nous y trouverons la raison d'être de nos instincts, le pourquoi, si longtemps cherché de nos mœurs, l'origine si mystérieuse de la notion du devoir et son importance capitale pour la conservation de l'espèce. Nous aurons désormais un critère absolu pour juger ce qui est bon et ce qui est mauvais au point de vue moral ; car *la règle*

mence Royer, 1ʳᵉ édit. Paris 1862, in-18, p. LXII. 2ᵉ édit. in-8ᵒ Paris, 1865, viij, et 3ᵉ édit., Paris, 1870, p. LXX.

morale, pour toute espèce est celle qui tend à sa conservation, à sa multiplication, à son progrès, relativement aux lieux et aux temps. Enfin cette révélation de la science nous en apprend plus sur notre nature, notre origine et notre but que tous les philosophêmes sacerdotaux sur le péché originel; car elle nous montre, dans notre origine toute brutale, la source de tous nos penchants mauvais, et, dans nos aspirations continuelles vers le bien ou le mieux, la loi de perpétuelle perfectibilité qui nous régit. »

Dans cette même préface, j'avais esquissé rapidement quelques conséquences sociales de la théorie de sélection qui parurent alors en complet désaccord avec la morale traditionnelle, et avec les sentiments subjectifs enracinés héréditairement dans les consciences.

Au congrès de l'Association Internationale des Sciences Sociales, tenu à Gand, en 1863, j'avais développé les mêmes principes et montré comment notre morale vulgaire, dépourvue de toute base rationnelle fixe et de tout critère logique, n'était qu'une série de préceptes empiriques sans corrélation, parfois contradictoires, et, le plus souvent, basés sur des aphorismes traditionnels qu'aucun lien ne relie, ni entre eux, ni avec les lois mêmes de la vie.

« Les principes de la morale existent, répondions-nous alors à ceux qui nous accusaient de les nier[1];... mais s'ils existent, comme rapports naturels des choses, ils ne sont pas nettement connus, élucidés et définis. Ils sont; mais l'homme les ignore et n'a encore en leur lieu qu'une morale toute d'instinct et de sentiment et toute mêlée de préjugés. »

Distinguant entre la moralité, fait de conscience tout subjectif, qui consiste à faire ce qu'on croit le bien, lors même qu'on fait le mal, et le bien objectif, réel et dans les choses mêmes, qui constitue la véritable loi morale, si souvent violée par ignorance, nous ajoutions :

« La conscience instinctive révèle la loi hé-

---

[1] V. *Journal des Économistes*, Novembre 1863, Compte rendu du congrès international des sciences sociales, p. 229 et suiv.

réditaire de l'espèce, sa loi empirique dans le passé. Mais cette loi doit changer selon les lieux, les temps, les races, afin de rester toujours dans le même juste rapport avec les conditions de vie des êtres qu'elle régit. La conscience rationnelle indique ces changements de la loi qu'elle tend ainsi à réformer sans cesse par l'évolution continue des générations.

« C'est donc la conscience rationnelle qu'il faut développer et éclairer. Si cette conscience était parfaite en nous, si nous connaissions très clairement la loi de notre temps, cette connaissance suffirait à nous fournir des motifs déterminants suffisants pour nous entraîner à la suivre. Et si chacun suivait cette morale, nous n'aurions plus besoin ni de codes, ni de police, ni de magistrats; nous serions tous libres et rois de nous-mêmes. Selon la parole biblique, nous serions comme des dieux, puisque nous posséderions la science du bien et du mal, c'est-à-dire notre loi. » *Aperientur oculi vestri, et eritis sicut dei, scientes bonum et malum.*

« Le principe fondamental de cette loi c'est *l'utilité de l'espèce qu'elle régit* [1]. Un Dieu même ajoutions-nous, ne saurait imposer à un être quelconque une volonté qui serait un caprice sans but et qui n'aurait pas pour objet le bien de cet être qui la subit. *La loi morale de l'humanité doit donc se prêter à la multiplication de ses individus, de ses variétés, de ses formes supérieures; à l'agrandissement de ses facultés, de ses puissances, de ses progrès en tous sens dans l'échelle des êtres.* Toute loi morale qui la gêne inutilement, l'arrête, l'écrase, l'étouffe, est une loi fausse, cruelle, condamnée. Ce n'est pas la loi contemporaine, mais une loi d'oppression, née ou soutenue par les préjugés de la conscience héréditaire. Comme telle, elle doit être abandonnée, tout au moins réformée, et remise en juste relation avec *l'utilité de l'espèce qu'elle régit*. Telle doit être l'action constamment réformatrice de la raison sur la conscience. »

Insistant sur la nécessité d'une révision sé-

---

[1] *Loc. cit.*, p. 231.

rieuse et scientifique de la morale, nous avons montré cette nécessité pressante surtout pour l'éducation de l'enfance et de la jeunesse à laquelle le doute est mortel.

« Toute notre jeune génération, disions-nous, est accoutumée à regarder certains dogmes religieux comme le piédestal dont la morale est la statue. Dès que le piédestal est renversé, et il ne tarde pas à l'être, la statue tombe, se brise, et l'homme reste sans règle et sans loi. »

Depuis, j'ai eu souvent occasion, soit dans mon livre sur l'*Origine de l'homme et des sociétés*, publié en 1870, soit dans une série d'articles insérés dans le *Journal des Économistes* (années 1873 à 1880), de présenter certaines conséquences de ces principes, et j'ai toujours nourri le projet de consacrer un volume à cet important problème de la loi morale, considérée dans sa plus haute généralité.

Si j'ai tardé jusqu'ici à le réaliser, c'est que, depuis ce temps, nos constantes agitations sociales n'ont guère permis d'ouvrir la discussion sur ces grandes questions de la philosophie, trop négligées aujourd'hui dans le programme des études ; si bien qu'elles sont devenues presque étrangères à la génération contemporaine, exclusivement préoccupée des questions actuelles de la politique ou emportée, tout entière, vers les spécialités techniques et professionnelles qui peuvent seules procurer à chacun sa prébende quotidienne. Il en résulte que les esprits, de plus en plus indifférents aux larges spéculations théoriques, sans lesquelles pourtant il n'y a pas de vraie science, condamnent en bloc, sous le nom de métaphysique, tout ce qui ne semble pas d'une application sociale ou industrielle immédiate. Nul ne semble se douter que jamais l'application pratique d'un fait scientifique n'est possible que sous la condition de le dominer par la connaissance de la loi qui le régit, c'est-à-dire d'en avoir une théorie plus ou moins complète, adéquate et intelligible.

La science spéculative et théorique, autant au point de vue des faits physiques que des faits psychiques et sociaux, c'est-à-dire humains, compte aujourd'hui, surtout en France, plusieurs sortes d'ennemis. Les moins dangereux ne sont pas ceux qui font le plus éloquemment profession de la respecter et de parler en son nom.

Ce sont d'abord les gens, trop nombreux, qui croient tout savoir sans avoir rien appris ; qui tranchent toutes les questions sans les étudier, et, surtout dans le domaine des sciences morales et sociales, croient pouvoir trouver une solution à tous les problèmes, sans même les avoir compris, comme par une faculté d'intuition, en quelque sorte révélatrice, qui leur communique l'infaillibilité. Ce sont ces gens-là qui, durant une dizaine d'années, nous ont servi, sous le nom de morale indépendante, une sorte de ragoût réchauffé, où les vieux adages traditionnels se mélangent à des réminiscences religieuses inconscientes et à des textes de lois de toutes les époques, nées dans les circonstances les plus diverses, sous les influences les plus contradictoires.

D'un autre côté, il y a les doctrinaires de l'ignorance qui décident, dans leur dogmatisme *a priori*, qu'on ne saura jamais rien de certain sur quoi que ce soit; qu'en pratique il faut se conformer à l'usage, et, en théorie, aux décisions du sens commun; sans s'apercevoir de la contradiction que renferme leur profession de foi pyrrhonnienne : puisque, si tout est incertain, il n'est pas même certain que tout soit incertain. Ce scepticisme systématique, qui n'a rien de commun avec les prudentes réserves du doute cartésien, n'est donc qu'un prétexte à la paresse pour se dispenser de rien étudier et un voile commode pour cacher l'incapacité sous la modestie.

Il faut tenir compte encore de ceux qui, affectent pour la science un respect qui consiste surtout à n'y point toucher, et pour les savants une vénération qui se manifeste par d'humbles déclarations d'incompétence, dès qu'il s'agit de lire leurs livres ou d'assister à leurs cours.

D'autres, enfin, avec le même respect pour

les progrès accomplis dans les branches les plus spéciales et les plus techniques des sciences expérimentales, confondent la science même avec une des parties de sa méthode et le détail encombrant des faits, qui n'en sont que la matière première, avec les lois qui les synthétisent. Ils admirent, avant tout, la batterie de cuisine des savants, leurs instruments, leurs machines, leurs outils, leurs petits procédés de physique amusante, leurs projections à la lumière électrique, leurs télégraphes, phonographes et téléphones. Ne tenant compte que de ce qu'ils peuvent mesurer à l'aide d'appareils de précision, compliqués de vis, de tourillons, de verniers, de soupapes, de manivelles, de mouvements d'horlogerie, de piles et d'aimants, ils n'ont aucun souci des faits, aussi nombreux, qui ne peuvent ni se peser ni se mesurer, ni se compter, ni se voir, ni s'entendre, mais n'en sont pourtant, ni moins importants, ni moins réels.

Considérant avec dédain, comme hypothéthique, toute loi théorique, toute spéculation générale, toute induction rationnelle qui dépasse l'étendue stricte de l'expérience directe, toujours particulière et superficielle, ces apôtres du fait visible et tangible se condamnent à rester enfermés dans l'observation individuelle, toujours restreinte, et à ignorer à jamais le fait général que la raison seule peut atteindre.

Même en psychologie on veut voir et toucher. On croit saisir les lois de la pensée dans les replis du cerveau ; condamnant l'étude interne et réfléchie de la conscience sur elle-même qui, pourtant, n'a d'autre moyen de s'observer que de s'écouter sentir, penser, vouloir et agir, d'après des motifs déterminés qu'elle seule peut analyser et dont elle seule peut évaluer le poids relatif.

La plupart de ceux qui, aujourd'hui, se targuent du titre de *positivistes* pour affirmer que nous n'atteindrons jamais la vérité absolue sur les faits premiers et les principes des choses, ne sont en réalité que des adeptes de ce scepticisme

b

décourageant et démoralisant, autant que stérile, qui, fermant la porte aux découvertes futures, di... .t à l'esprit humain : tu n'iras pas plus loin.

Une pareille méthode est incompatible avec tout progrès ultérieur, puisque la condition même de tout progrès théorique est la méthode des hypothèses qui seule peut mener à l'induction. En cela Auguste Comte est d'accord avec Bacon pour condamner ceux-là mêmes qui se proclament leurs disciples.

En de telles conditions, avec de tels éléments intellectuels, dans une époque de transition où les intérêts égoïstes, délivrés des anciens freins moraux, usés et brisés, se sentent intéressés à n'en point accepter de nouveaux, les esprits inspirés de cette foi puissante au vrai rationnel qui seule peut conduire à des vues d'ordre supérieur, se trouvent isolés et dépareillés.

Surtout, à une période d'instabilité politique où chacun n'emploie ses loisirs qu'à la lecture des journaux, et, à défaut de l'intérêt que peuvent présenter, soit une crise ministérielle, soit un mouvement de bourse, se passionne pour un fait divers ou une cause judiciaire, je ne pouvais espérer qu'un éditeur consentît à lutter contre cette indifférence de la majorité du public pour toute œuvre de spéculation philosophique. Je ne songeais donc pas même à leur proposer d'imprimer des ouvrages si contraires aux courants qui emportent actuellement l'opinion en France, où on lit moins qu'en aucun autre pays d'Europe, peut-être parce qu'on y parle davantage. Néanmoins, en 1879, j'avais esquissé les quatre parties de ce volume, espérant les insérer séparément dans une Revue. Mais l'orthodoxie des uns repoussa mes doctrines comme hérétiques; les autres jugèrent mon travail trop étendu. Moi-même, je me résignais à regret à publier par fragments, à plusieurs mois de distance, un ensemble dont toutes les parties, liées logiquement entre elles se confirment et s'appuient les unes les autres.

Je n'avais pourtant plus de temps à perdre, si je ne voulais me voir enlever la priorité de mes vues par des étrangers. Déjà en Angleterre et en Allemagne, dans des milieux intellectuels plus stables, plus calmes et il faut l'avouer plus curieux des idées nouvelles et moins aisément séduits par les lectures faciles ou les émotions théâtrales, les mêmes problèmes étaient posés, sérieusement discutés ; et l'impulsion donnée aux esprits par la théorie de l'évolution devait les mettre sur la voie de solutions plus ou moins analogues aux miennes. En effet, tandis qu'en Allemagne, M. Haeckel et plusieurs autres, opposant le monisme au dualisme, spéculaient sur la substance du monde, sur les atomes animés et les âmes cellulaires; en Angleterre, M. Herbert Spencer, dans son ouvrage intitulé *The Data of Ethics*, arrivait à des conclusions très voisines de celles que j'expose ici sur la morale, quoique moins larges.

Quand j'eus occasion de le lire l'année dernière, le travail que j'offre aujourd'hui au public, était déjà dans les cartons d'un directeur de Revue. Loin de m'étonner de me trouver d'accord, en beaucoup de points, avec un philosophe qui jouit à bon droit d'une renommée cosmopolite, je vis dans cette rencontre de mon esprit et du sien un témoignage précieux en faveur de la justesse de mes déductions. Partis des mêmes faits nous devions arriver, en effet, aux mêmes principes et en tirer les mêmes conséquences. Ma priorité d'ailleurs, sur tous les points où nous étions d'accord, était déjà assez bien établie par mes travaux antérieurs, pour ne pouvoir être contestée et pour pouvoir me permettre de reprocher à mon émule anglais de l'avoir ignorée. Il me restait enfin dans la solution du problème de l'éthique une part personnelle assez large pour satisfaire toutes les exigences de mon amour-propre.

En effet, l'ensemble des déductions morales de M. Herbert Spencer, procédant uniquement de la théorie évolutionniste, dont il a fait le principe premier de toute sa philosophie, demeure

b.

circonscrit dans le monde organique, laissant de côté ce reste de l'univers qui en constitue pourtant la plus grande part : le monde inorganique.

M. Herbert Spencer a reconnu que le monde animal, tout entier, est passible des lois de l'éthique ; et que toute espèce vivante est assujettie à des règles morales objectives qu'elle ne peut violer sans péril pour elle-même. Il semble même ne point répugner à accorder une aube de sentiment et de conscience au monde végétal. Mais, au delà, il ne voit plus que l'inconscience passive. Le bien, qui, pour lui comme pour moi, a pour condition l'existence consciente, cesse pour lui au seuil de la vie organique.

Les déductions du philosophe anglais doivent donc être moins générales, moins larges ; ses premiers principes étant eux-mêmes plus restreints et moins compréhensifs que les miens qui les embrassent et les dominent, dans la mesure où ce qui est universel embrasse et domine ce qui est seulement général ou particulier, c'est-à-dire plus ou moins limité.

Le livre *The Data of Ethics*, dont j'ai plaisir à reconnaître tout le mérite, est donc comme un corollaire anticipé des principes que j'expose ici. C'est une sorte de casuistique concernant l'animalité en général, mais plus spécialement l'humanité, et qui semble déduite des axiomes de l'éthique universelle, tels que je les formule.

Mais justement parce que les principes dont elle dérive sont seulement généraux et non pas universels, il en résulte que plusieurs de leurs conséquences sont fautives. La notion du devoir, par exemple n'a pas, dans l'œuvre de M. Herbert Spencer, le caractère de nécessité absolue qui lui convient et l'extension qu'elle mérite. L'égoïsme spécifique ne trouve pas dans la doctrine de mon émule anglais, un contre-poids suffisant dans les égoïsmes rivaux. On ne comprend pas bien à quoi et pourquoi certaines formes vivantes et, dans ces formes, certains individus, peuvent être sacrifiés, si l'ordre universel du monde l'exige.

Toutefois les grands côtés d'une doctrine morale déduite de la théorie de l'évolution n'ont point échappé à M. Herbert Spencer. Je ne cacherai point qu'en voyant un auteur anglais me devancer dans la voie ouverte par moi dans cette direction, il y a vingt ans, j'ai senti la nécessité de ne pas tarder plus longtemps à livrer à la publicité une œuvre, nécessairement incomplète, puisqu'elle était destinée dans l'origine à paraître sous la forme d'articles détachés.

Je dois donc ajourner à un autre volume les développements généraux ou spéciaux et toutes les applications pratiques qu'elle comporte, avec leurs antinomies, leurs contradictions, leurs limitations réciproques, qui font qu'en morale, comme en tout ce qui concerne l'humanité, les conséquences des principes les plus absolus, les plus universels, les plus permanents, deviennent relatives, particulières et toujours changeantes.

Avant d'aborder cette partie morale de ma philosophie, j'aurais préféré, certainement, pouvoir donner une exposition complète de la partie physique. Si je me décide à suivre une voie aussi irrationnelle que d'offrir au public mes conclusions avant mes prémisses, les conséquences avant les principes, ce qui concerne l'esprit, avant d'avoir montré comment cet esprit est aussi matière, c'est parce que j'ai l'espérance qu'un petit volume de morale trouve plus aisément des lecteurs que des spéculations arides sur la physique générale.

Pour montrer leur accord avec les faits constatés de la nature, j'aurais dû leur donner de longs développements. Je sais que je ne puis espérer convaincre les esprits contemporains qu'en leur montrant mes inductions comme le résultat même des expériences accumulées depuis trois siècles. Je suis tenue d'y faire voir l'expression théorique rationnelle des faits mesurés, comptés, enregistrés par nos savants spéciaux, aidés de toutes leurs machines, que j'admire plus que personne; mais à la condition qu'on ne confonde pas les moyens avec le but, et qu'on ne prétende pas substituer à l'intelligence, seule capable de comprendre le vrai, des témoins muets, parlant par signes que trop souvent il nous est arrivé d'entendre à rebours, parce qu'ils ne nous livrent que des apparences, souvent trompeuses, sous lesquelles la vérité semble se cacher et mentir.

En publiant cette esquisse rapide d'une éthique et d'une téléologie, déduites d'une ontologie absolument nouvelle, peut-être réussirai-je à intéresser les esprits qui ne sont pas absolument voués, par système ou par tempérament, à l'indifférence en matière philosophique. Peut-être leur donnerai-je envie de connaître l'ensemble d'une doctrine qui, complétant Newton et Leibnitz, les accorde entre eux et met un terme aux vaines disputes scolastiques sur l'esprit et la matière, en montrant que, comme toujours en pareil cas, on discutait sans s'entendre sur des problèmes mal posés; avec une langue mal faite.

Mon espérance est donc de clore pour jamais la période d'antagonisme des deux écoles qui, sous le nom de spiritualisme et de matérialisme, se sont partagé jusqu'ici le monde des penseurs, et de les amener à signer la paix sur le terrain neutre du SUBSTANTIALISME ; comme les polygénistes et les monogénistes ont été obligés de s'accorder sur la théorie de l'évolution, qui les a mis dos à dos.

De même, au dualisme des spiritualistes et au monisme des matérialistes qui, l'un et l'autre, sont partiellement erronés et contradictoires, le substantialisme substituera une solution mixte, plus logique, plus synthétique, plus compréhensive et plus intelligible. Il montrera l'unité et l'identité de nature et de principe de l'esprit, de la force et de la matière, phénomènes différents, mais non pas opposés, d'un seul et même *noumène*, constituant l'étoffe de l'univers qui, comme l'a dit d'Alembert, n'est, dans tout son ensemble merveilleux, « qu'un fait unique et une seule vérité. »

Ce fait, c'est l'unité et l'identité de la substance du monde dont la fin est le bien absolu, c'est-à-dire *la plus grande somme de bonheur possible*. Cette vérité, c'est que tout ce qui augmente dans le monde la somme du bonheur est BIEN, tout ce qui la diminue est MAL.

C'est là le résumé de toute la LOI MORALE.

CLÉMENCE ROYER.

PREMIÈRE PARTIE.

L'ANTINOMIE DU BIEN ET DU MAL

I

Nature logique de l'idée du Bien.

Qu'est-ce que le bien ?

Une pareille question peut paraître oiseuse. Il semble, tout d'abord, qu'elle soit aisée à résoudre ; que tout le monde doive tomber d'accord sur sa solution ; que chacun, tout au moins, ait sur ce point des idées claires, nettes, faciles à exprimer.

Il n'est pourtant pas de problème plus ardu, plus compliqué, qui ait donné lieu à plus de disputes et plus embarassé les vrais philosophes, seuls capables d'en apercevoir toutes les difficultés. Aucune notion n'est restée plus flottante, plus entachée d'erreurs, plus voilée sous le masque des préjugés séculaires, plus obscurcie par les croyances subjectives et par les différents dogmes religieux qui ont successivement entravé l'évolution intellectuelle et morale de l'humanité.

Une notion complète et adéquate du bien est la synthèse supérieure de toute doctrine philosophique. C'est sa dernière conséquence logique et le meilleur critère de sa valeur, tant pratique que théorique. En effet, toute manière différente de concevoir l'ensemble de l'univers, des lois qui le régissent, des causes dont il est l'effet, aboutit à un concept différent du bien, fin suprême des aspirations de toute intelligence. A cet égard, on peut dire que le bien est le but du vrai et sa finalité dernière. Chacun veut et croit connaître son bien particulier et se trompe souvent. Toute morale a pour but la réalisation du bien général, et tous les efforts de l'esprit humain ont en vain tendu jusqu'ici, et tendront sans cesse à formuler la loi mystérieuse de l'accord, toujours en vain cherché, entre le bien général, qui devrait être la loi du monde, et le bien de chaque être individuel, qui est fatalement la loi de toute volonté consciente.

Quelle est la nature logique de l'idée du bien ?

Il est évident que le bien n'est pas substance, qu'il n'est pas sujet, qu'il n'est pas *en soi*. Ce n'est qu'en le considérant d'une façon abstraite que nos langues en ont fait un *substantif*, c'est-à-dire un sujet verbal, en vertu de cet usage dangereux, inhérent à la pauvreté de leurs formes, qui, nous forçant à personnifier des abstractions, en ont fait des entités logiques, sans réalité substantielle, qui ont été la source de toutes les mythologies.

D'après l'analyse de sa notion, le bien est, non seulement qualité, mais qualificatif d'attribut ou d'acte, c'est-à-dire que, par essence, il est adverbe.

Le bien n'est point une notion primordiale et élémentaire de l'entendement, comme l'existence, l'espace, le temps, la substance. Essentiellement contingent et relatif à l'existence d'un ensemble donné d'êtres, qui pourraient eux-mêmes ne pas exister, il n'apparaît comme nécessaire que par déduction et relativement à eux. Il n'est point donné *a priori* dans la consscience avant toute expérience, mais suppose l'existence d'un sujet sensible, capable de l'apprécier, de le distinguer du mal, sa forme antinomique. On peut supposer un monde tel qu'il ne renfermerait ni bien ni mal, mais seulement des existences douées de qualités indifférentes, dont on pourrait dire seulement : elles sont, sans que leurs qualités excitent aucun jugement relatif à leur valeur éthique. Il est impossible, au contraire, de supposer un monde qui n'existerait en aucun lieu, en aucun temps, en aucune substance, sous aucunes formes ou aucuns modes, puisque un monde supposé tel ne serait pas, et, qu'en vertu de l'hypothèse elle-même, il serait contradictoire aux conditions de toute existence.

Le bien n'est point une notion simple, mais infiniment complexe, la plus complexe des notions, celle qui exprime et suppose un plus grand nombre de rapports, et, dans son sens absolu, la totalité des rapports. C'est donc une notion toute relative, mais qui exprime le rapport suprême et total d'une chose à toutes les autres, d'une partie au tout ou, enfin, de tous les êtres entre eux. Elle présuppose, non pas seulement un ou plusieurs sujets, doués d'un ensemble complexe d'attributs, mais la convenance absolue, parfaite de ces attributs entre eux et avec leurs sujets. L'idée du bien embrasse toujours une somme totale d'harmonies réciproques, dans laquelle aucune note ne manque ou ne cause de dissonnances.

Le bien apparaît ainsi comme la finalité supérieure de la nature, la raison d'être du monde qui doit le réaliser sous peine d'être absurde. C'est le principe et la notion mère de la moralité des choses existantes, les êtres y compris comme choses; car le bien ne se dit des êtres, considérés comme tels, que par une sorte de rapport sous-entendu de ces êtres aux autres; c'est-à-dire que nulle chose ou nul être n'est bien en soi, indépendamment de ses rapports avec d'autres existences conscientes.

Dire d'une personne humaine : elle est bien, c'est dire qu'elle réalise dans son type physique, moral et intellectuel l'ensemble des qualités voulues dans la mesure convenable pour remplir son rôle humain vis-à-vis des autres membres de l'humanité et de l'ensemble du monde.

Le bien, dans son extension absolue, serait donc la somme totale des attributs et des rapports moraux ou physiques positifs. C'est l'attribut supérieur le plus concret de chaque individualité ou totalité ; celui qui comprend, renferme, domine et résume tous les autres, comme le mal résume tous les attributs et rapports négatifs.

L'aperception du bien et du mal est la fin du travail de l'entendement, comme la simple aperception de l'existence en est le point de départ. C'est le jugement suprême qui totalise tous les autres. Tant qu'il n'est pas rendu, l'esprit reste en suspens dans le vague, dans l'attente; il n'a pas atteint son but, achevé de remplir sa fonction ; la chaîne des syllogismes de la raison n'a pas trouvé sa conclusion finale.

Le bien est donc la dernière limite de la connaissance au delà de laquelle l'entendement ne cherche plus rien. Seulement, quand il y arrive, il se sent satisfait et en repos. Tant que cette limite n'est pas atteinte, la connaissance reste incomplète et inefficace pour toute action; aucune résolution de la volonté ne pouvant être prise qu'en vertu de motifs déterminés par un jugement éthique, rendu sur la valeur et la nature d'objets connus et analysés d'abord par l'entendement et d'où résultent des sollicitations à agir en sens contradictoires.

La grande et profonde lacune de notre science contemporaine, c'est justement qu'elle prétend procéder uniquement à l'analyse minutieuse de la nature exclusivement physique des choses et de leurs rapports mutuels de causalité mécanique, en restant indifférente à leur valeur éthique et à leur causalité morale. C'est pourquoi elle n'a pu, jusqu'à présent, conclure à une philosophie ayant la valeur pratique d'une doctrine du droit et du devoir.

Toute chose, en effet, dont on ne peut dire qu'elle est bien, est inachevée et incomplète. Elle manque d'un de ses éléments nécessaires. Elle n'a pas rempli sa fin. Elle ne peut même être moyen pour produire un bien qu'elle ne réalise pas directement; car si elle était moyen d'un bien, comme telle, elle serait un bien elle-même. Si elle n'est ni fin ni moyen, elle est inutile, elle est mal; car si elle n'est bonne, ni en soi, ni pour autre chose, elle est en soi mauvaise.

La chose que nous connaissons le mieux, sans la connaître comme bonne en soi ou comme bonne à quelque chose, ne nous est donc indifférente que parce qu'elle nous est incomplètement connue. Il en est ainsi de toute chose dont la valeur éthique, absolue ou relative, c'est-à-dire comme moyen ou fin, échappe à notre connaissance analytique. Mais, en somme, dans l'ordre total des choses, tout est bien ou mal; tout a une finalité réalisée, atteinte plus ou moins complètement.

Le bien, considéré dans sa généralité, est la forme totale abstraite de toutes les formes concrètes du bien. Il y a le bien physique, le bien moral, le bien intellectuel, le bien particulier ou individuel, le bien général, et, enfin, le bien universel, seul absolu, et avec lequel toute forme de bien doit rester d'accord.

Mais toutes ces catégories du bien ne peuvent

avoir d'existence réelle que dans un monde comprenant une multiplicité d'individus ou de sujets réciproquement objets les uns pour les autres, doués eux-mêmes d'une grande diversité d'attributs, offrant une immense variété de rapports complexes, subordonnés les uns aux autres.

De l'unité absolue, on ne saurait dire qu'elle est bien. Une identité absolue et constante d'attributs chez un être unique serait indifférente au bien comme au mal. On voit donc dans quelle série de contradictions logiques se sont engagés les théologiens, quand ils ont dit : Dieu, c'est le bien ; et quand, d'un autre côté, ils ont défini Dieu, l'être unique, éternel, immuable et seul existant. Ce Dieu, imcompatible avec le monde, n'aurait pu le créer sans détruire son unité, c'est-à-dire sans se détruire lui-même en tant qu'être unique ; il n'aurait pu commencer d'être créateur sans cesser d'être immuable ; et s'il fût resté immuable et unique dans son éternité, il ne pouvait être le bien qui exige la multiplicité, la variété, le changement des rapports.

Nous ne nous engagerons pas ici plus avant dans la discussion de ces problèmes, que nous ne touchons en passant que pour les séparer nettement de celui qui nous occupe et qui en reste absolument indépendant.

Le bien étant l'ensemble de tous les attributs positifs, il est genre relativement à ses espèces : l'être, la conscience de l'être, le vrai, le bon, l'utile, le juste, le beau. Mais le vrai peut être relatif ou absolu, particulier, général ou universel, physique, moral ou intellectuel, réel ou seulement possible, théorique ou pratique. Il en est de même de la bonté, de l'utilité, de la justice, de la beauté.

Et toutes ces catégories ont leurs contraires antinomiques, qui sont le néant, l'inconscience, le faux : erreur ou mensonge, le nuisible, le mauvais, l'injustice, la laideur et leurs subdivisions, quant à leur étendue, leur réalité et leur objet.

II

L'antinomie du Bien et du Mal.

Il faut résoudre une question qui se pose ici : Le bien peut-il exister dans le mal ?

Au point de vue logique, il est évident que l'un est donné comme la négation de l'autre par l'esprit qui les pose *a priori* l'un et l'autre. C'est une véritable antinomie. Dès que l'un de ces concepts est perçu par l'entendement, soit comme possibilité pure, soit comme réalité expérimentale, l'autre est, par cela même, perçu comme sa contradiction. Le bien est la négation du mal ; le mal est la négation du bien ; comme l'être est la négation du non être ou du néant, comme l'étendu est la négation de l'inétendu, comme la lumière est la négation de l'obscurité, comme l'infini est la négation du fini.

C'est une loi inéluctable de la raison qui, en somme, n'est que le reflet, dans chaque être conscient, de la réalité des choses, que chacune de nos notions positives soit ainsi accouplée nécessairement à une notion négative antinomique. Dire d'une chose : elle est, c'est nier, par là même, sa non-existence. Affirmer sa non-existence ou son néant, c'est nier son existence.

C'est-à-dire que nos formes verbales, sous les lois flexibles et tout empiriques des langues humaines, faites au hasard, mais cependant réglées dans leur évolution par l'empire souverain des nécessités logiques, ont pour tout jugement deux formes équivalentes. L'une rend négatif le verbe lui-même en affirmant la négation : *cela n'existe pas! cela n'est pas vrai!* L'autre porte la négation sur l'attribut lui-même, qui devient négatif de l'affirmation verbale : *cela est faux! cela est non existant!* Seulement, en quelques cas très rares, le besoin de trouver des mots, des expressions pour toutes les nuances de l'idée, a fait que les deux formes n'ont plus le sens absolument identique qu'elles eurent certainement à l'origine. Parfois, aussi, l'une des formes manque. Tels sont les termes *être, existence*, qui n'ont pas d'antinomies réelles, le mot *néant* ayant un sens plus large. C'est pourquoi la véritable forme primitive de l'antinomie logique, la seule qui ne puisse donner lieu à des sophismes, parce qu'elle est toujours rigoureuse, est celle qui fait porter la négation sur le verbe. *Telle chose est bien, telle chose n'est pas bien*, porte dans l'esprit l'idée d'une contradiction plus complète, d'une antithèse plus irrésoluble que ces deux autres propositions : *telle chose est bien, telle chose est mal*.

Déjà, dans cette analyse, nous sentons que le mal a quelque chose de moins absolu que le bien; qu'il n'est qu'un défaut, une lacune, un bien en moins qui pourrait et devrait être, mais qui n'est pas. Cette chose *qui n'est pas bien*, on l'a nommée *mal*, quand les langues, en s'enrichissant, ont multiplié les vocables pour exprimer les diversités de l'idée ; mais on voit qu'en réalité le mot *mal* est une richesse littéraire, qui n'est pas nécessaire à l'expression exacte de l'antinomie que renferme la notion du *bien*. *Ceci est mal, ceci n'est pas bien.* Les deux propositions semblent identiques pour l'esprit, cependant avec une nuance. En effet, entre l'affirmation et la négation, Kant a fait voir qu'il y a place pour la limitation, et que le nombre des jugements absolument négatifs ou absolument affirmatifs que l'esprit peut rendre est très limité. Presque tous nos jugements, les plus absolus dans la forme, sont limitatifs pour le fond ; et surtout, en ce qui concerne les jugements éthiques concrets, on ne voit pas en quelles circonstances on pourrait affirmer l'existence d'un bien ou d'un mal absolu, tels qu'on ne puisse concevoir un mal ou un bien plus grand.

Toute la dialectique de Hégel repose sur l'existence de cette forme du jugement limitatif qui se pose entre l'affirmation et la négation absolues, mais sans résoudre leur antithèse ; et il n'y avait nullement dans ce fait logique, qui résulte de nos formes verbales plutôt que des lois mêmes de la pensée, la matière d'un principe premier et universel de la philosophie.

Nos jugements prendraient bien moins souvent les formes absolues de l'affirmation et de la négation, si rarement d'accord avec la réalité des choses, mais d'un usage plus rapide, plus net, plus décisif, quand il s'agit de conclure à l'action, si heureusement, nos langues, par une nécessité logique, ne s'étaient enrichies d'attributs qui contiennent eux-mêmes cette notion de limitation. Ainsi, entre le bien et le mal nous trouvons les divers degrés du mieux, du passable et du pire, tous relatifs les uns aux autres ; et toutes les formes adverbiales qui modifient l'attribut par des diminutifs, des augmentatifs et des superlatifs.

De même, entre la lumière et sa négation absolue, l'obscurité, viennent les termes d'ombre, de crépuscule, d'aube, de pénombre, de clarté, d'éclat, de splendeur, etc., et tous les noms donnés aux divers rayons colorés et aux qualités de leurs reflets, qui ne sont que des limitations des notions absolues de noir et blanc de la lumière et de sa négation. De sorte que si

nos langues étaient assez riches pour exprimer toutes les nuances des idées attributives, avec tous leurs degrés de modalité, tous nos jugements pourraient prendre une forme absolue, négative ou affirmative, et toute la logique de Hégel n'aurait plus de raison d'être.

Logiquement, la notion du bien entraîne donc la notion de son contraire, le *non bien* ou le mal, et ne peut subsister sans elle. Pourrait-on concevoir un être conscient éprouvant la sensation d'une jouissance quelconque, s'il était incapable d'éprouver une sensation d'ordre contraire, c'est-à-dire de souffrance au moins relative ou de jouissance en moins? Evidemment non. Comprend-on un être organisé qui serait sensible au chaud et ne le serait pas au froid? Pas davantage. Mais ce qui est vrai, c'est que chaleur et froid peuvent, selon leur intensité, sembler tantôt une sensation agréable, tantôt une sensation pénible, selon les cas, les circonstances, les saisons. L'un comme l'autre, porté à l'excès devient de la douleur; l'un et l'autre, quand ils ne nous apportent que la sensation d'une légère différence de température avec celle de notre corps, nous sont plutôt agréables. Cet exemple, qui montre toute la relativité de nos jugements sur le bien et le mal physique, nous fait déjà supposer que la même relativité existera dans nos jugements sur le bien et le mal, dans le domaine de l'éthique.

Toute sensation du bien ne peut qu'être relative à un bien moindre ou à un bien plus grand qui seraient également possibles, et dont le jugement lui-même ne serait possible, logiquement et pratiquement, que relativement à d'autres sensations préalables.

En somme, tous nos jugements sur le bien ou le mal ont ce caractère de limitation, de relativité à des biens ou à des maux plus grands ou moindres. Nul être conscient, quel qu'il soit, ne peut avoir la notion expérimentale du bien et du mal absolu. Même en imagination, nul ne saurait s'élever à l'absolu de la jouissance ou de la souffrance, soit physique, soit morale, bien que l'entendement en conçoive théoriquement la possibilité logique, non relativement à un être individuel quelconque, toujours limité, ou a une collection finie d'individus, mais dans l'ordre total des choses. Tous les poètes ont échoué à se représenter ce que pourrait être pour l'homme le bonheur parfait ou la souffrance absolue. De là cette impuissance des religions à inventer un paradis qui ne soit pas ennuyeux ou absurde ; un enfer qui ne soit pas ridicule ou contradictoire.

L'esprit ne peut donc concevoir le bien sans le mal, et l'expérience ne peut nous fournir un des deux concepts qu'aussitôt l'autre n'en naisse fatalement dans la même mesure, en évoquant en nous des jugements éthiques de même valeur et de même intensité. Nul n'aime le bien que dans la mesure où il hait le mal ; et la mesure de la sensibilité physique consciente pour la douleur est sensiblement la même que pour la jouissance. Les natures inférieures ou faibles, les consciences inactives, les imaginations infécondes, les sensibilités rudimentaires sont aussi les plus indifférentes à cette grande et fondamentale antinomie du bien et du mal qui est le grand ressort de la volonté et de l'action ; et la sensation obtuse du bien et du mal physique semble être corrélative d'un sentiment également rudimentaire de ce bien et de ce mal moral qui forme plus spécialement le domaine de l'éthique.

Le bien et le mal, la jouissance et la souffrance sont donc des rapports variables qui changent, tant avec la cause externe de la sensation qu'avec le sujet qui en constate l'effet sur lui. De même qu'en esthétique on ne peut disputer des goûts ; de même, dans le domaine de l'éthique, les sensations sont spéciales, comme qualité et intensité, non seulement à chaque forme d'êtres sensibles, mais, surtout chez les espèces très variables, à chacun de leurs représentants. Les mêmes lois morales, ne peuvent donc être imposées à toute une catégorie d'individus sans qu'il en résulte pour chacun d'eux une certaine somme de souffrance, qui peut n'être pas exactement compensée par le bien qui en résultera pour tous. Le but du législateur doit être de diminuer pour chacun cette somme individuelle de sacrifices, et d'édicter des règles largement élastiques pouvant se prêter à toutes les modifications qui peuvent accroître le bien individuel sans nuire au bien général.

III

Réalité objective du mal.

Le mal est-il donc sans réalité ?

Certains philosophes, ne pouvant réussir à excuser leur Dieu d'avoir fait ou permis le mal, ont cru résoudre la difficulté en affirmant que le bien seul a une existence réelle, que le mal n'est qu'un moindre bien, relatif à nos organes, et une création subjective de notre organisation sensible.

Il leur resterait à expliquer pourquoi nous avons une organisation sensible faite de façon à nous créer des souffrances imaginaires. Ils établiraient que le mal est, en certaine mesure, nécessaire, qu'ils n'échapperaient pas à cette question : Pourquoi cette nécessité du mal ? Un autre ordre du monde était-il impossible où cette nécessité n'aurait pas existé ? Si le mal n'est que du bien en moins, du moment que la somme totale du bien est diminuée d'une certaine quantité négative, il n'y a donc pas dans le monde tout le bien possible, un bien complet, absolu, tel qu'on n'y puisse rien ajouter par la pensée.

S'il est vrai que, chez l'être vivant, la souffrance physique soit souvent un avertissement tutélaire du danger qui menace notre organisation d'une destruction plus ou moins complète ou partielle, plus ou moins médiate ou prochaine, notre œil, notre oreille, souvent notre goût ou notre odorat, qui nous avertissent des mêmes périls, sans aucune souffrance, nous montrent que la nature aurait pu nous donner, par des avertissements moins douloureux, d'autres moyens de défense et de protection. Nos nombreux anesthésiques démontrent qu'elle avait à sa disposition des moyens de nous épargner au moins les inutiles souffrances qui accompagnent une inévitable destruction, quand notre organisme est atteint mortellement et sans remède.

Tout être vivant souffre, et souffre en somme plus souvent, parfois plus vivement qu'il ne jouit, et par des causes plus nombreuses et plus fatales. L'inclémence des saisons, les variations du climat, les aspérités du sol, son infertilité, les fléaux météorologiques, ainsi que l'enchevêtrement compliqué des existences rivales, avec leurs moyens d'attaque ou de défense réciproques, sont pour tous des causes incessantes de souffrance et de constants obstacles à la jouissance paisible des biens qui s'offrent à chaque forme vivante. Pour la plupart des êtres, vivre c'est souffrir. Un an de jeunesse saine et de puberté complète est souvent acheté d'un nombre décuple d'années d'enfance sans protection, de vieillesse infirme, de misères physiques de toutes sortes, et l'être qui meurt, rapidement supprimé, après une courte période de vie relativement heureuse, est un élu de la nature.

Chez l'homme, la souffrance morale et le choc des passions opposées compliquent encore de mille maux cette phase de bien-être physique de l'âge adulte, au point de lui rendre relativement plus douces les impuissances de la vieillesse. Descartes aurait tout aussi bien pu dire : Je souffre, donc je suis. La réalité de sa souffrance lui aurait aussi bien affirmé celle de son existence que la réalité de sa pensée. Réciproquement, la sensation réelle de son existence lui aurait affirmé la réalité de la souffrance par laquelle il se sentait exister à l'état souffrant, par une aperception totale directe, entraînant toute évidence et toute certitude. Car, lors même que sa sensation de souffrance eût été toute subjective, et sans réalité dans l'ordre objectif, il ne pouvait se nier à lui-même qu'il se sentît souffrir. Ce grand docteur qui, après avoir douté de tout, s'est hâté tout aussitôt de se montrer si abusivement crédule, n'a jamais paru mettre en doute la réalité de cette organisation débile qui fit de lui un être chétif et malingre, sinon malade.

C'est encore en vain que l'orgueil stoïcien osa dire à la douleur : Tu n'es pas un mal! La réaction de la volonté chez un être d'une nervosité énergique, comme l'homme, peut, en effet, diminuer ainsi l'intensité de la douleur, soit physique, soit morale, comme une sensation s'affaiblit, quand on s'en distrait, au lieu de lui prêter attention. Mais tout en affaiblissant ainsi, très réellement, la sensation de la douleur, aucun stoïcien n'a pu en changer le caractère au point de transformer le jugement négatif qu'il en portait en jugement affirmatif, pour dire : douleur, tu es un bien. Le martyr d'une idée ou d'un devoir ne peut voir dans la douleur qu'il endure qu'une nécessité fatale qu'il doit subir avec constance. Les chrétiens eux-mêmes ne purent la considérer que comme un moyen douloureux d'atteindre un bien à venir dont l'espérance leur donnait la force d'endurer leurs tortures présentes, en fournissant à leur volonté des mobiles déterminants assez puissants pour dominer la résultante de tous les mobiles contraires.

Quelques-uns se refusent à identifier la souffrance physique et le mal moral. C'est là une erreur dans laquelle trop d'esprits tombent communément, et qui vient de ce qu'ils méconnaissent la nature même du mal moral, qui n'est qu'une conséquence dérivée de l'existence du mal physique. S'il n'y avait point dans le monde de souffrance physique, le mal moral, qui consiste dans la multiplication de cette souffrance, généralement au profit de certains individus et au détriment d'un plus grand nombre, n'existerait pas, n'aurait aucune occasion de se produire. Le mal moral vient toujours d'une extension abusive et injuste d'un ou de plusieurs égoïsmes individuels, comme le bien moral est un sacrifice volontaire d'un égoïsme en vue d'un accroissement du bien général. Tout sacrifice des jouissances égoïstes fait par un autre motif que le respect ou l'extension des droits égaux des autres êtres à leur part de jouissance, loin d'être un bien, comme on l'a si souvent répété, est un désordre de plus dans l'équilibre du monde, puisqu'il entraîne une diminution absolue dans la somme totale de bonheur que les êtres existants peuvent se partager.

L'ascétisme religieux seul a pu persuader à la conscience humaine que la souffrance volontaire, subie sans but, était par elle-même méritoire et agréable à ces dieux absurdes dont l'origine remonte aux temps les plus barbares et qui semblent avoir été une sorte de divinisation craintive du mal lui-même.

Loin que la souffrance physique volontaire, soit méritoire, elle est la première et la plus flagrante des immoralités; c'est un mal moral gratuit que l'être humain fait à l'espèce en sa personne; c'est une révolte contre la loi de conscience qui a préposé d'abord chaque individu au soin de conserver son existence et d'assurer son propre bonheur, dans la mesure où il ne nuit pas au bonheur et à la conservation des autres êtres de son espèce, afin d'augmenter par là la somme du bonheur total possible, loin de devoir participer à la diminuer.

L'égoïsme, lui-même, tant qu'il reste dans ces limites est donc un bien, au contraire. C'est le premier des devoirs moraux, et si les moralistes n'ont jamais eu besoin d'insister sur cette vérité, c'est qu'il n'est déjà que trop naturel à tout être vivant de songer d'abord à assurer son bien et à lui sacrifier abusivement la part de bien des autres.

La souffrance physique est donc un mal, en diminuer la somme totale est un bien; la jouissance physique est un bien, en diminuer la somme totale dans le monde est un mal ; et il n'existe de mal moral que celui qui augmente la somme du mal physique, comme toute augmentation du bien physique dans le monde constitue un bien moral.

Mais il faut ici dissiper une équivoque qui provient de ce que ces termes *bien moral, mal moral*, ont deux sens que nos langues ne sont pas encore arrivées à distinguer sous deux vocables.

Il y a un bien moral tout individuel et qui peut être aussi égoïste dans son principe que le bien physique. C'est ce bien, cette sorte de jouissance que procurent les passions affectives ou les instincts esthétiques. L'amitié, l'amour, les sentiments de famille, les plaisirs du goût, ceux de l'esprit, les émotions du cœur, les satisfactions de l'intelligence, n'ont pas pour objet des jouissances véritablement physiques. Ce sont des joies d'un ordre évidemment supérieur à celles que donnent par exemple la gourmandise ou la volupté. Elles n'en sont pas moins égoïstes dans leur principe et dans leur expression et elles peuvent être immorales dans leur satisfaction et leur poursuite.

On pourrait même prétendre, avec vérité, que la jouissance purement physique n'existe pas. En réalité, c'est toujours l'être moral, intellectuel, psychique et seul conscient qui jouit, bien que ce soit à l'occasion et par l'intermédiaire d'objets physiques. Il semble donc qu'on aurait raison d'abandonner cette division, assez fautive, du bien physique et du bien moral. Mais cette autre qu'on a voulu lui substituer qui distingue l'*égoïsme* de l'*altruisme* vaut-elle mieux? En somme, dans l'amitié, dans l'amour, dans tous les plaisirs affectifs et sociaux goûtés en commun ; dans toutes ces jouissances si nombreuses où l'amour-propre, étendu souvent à la famille, a une si grande part, il y autant d'égoïsme que d'altruisme ; et la distinction du plaisir qu'on prend au bien des autres et de celui qu'on prend à son bien propre suppose des limites qui n'existent pas ou sont indiscernables.

Il est donc de toute impossibilité de séparer dans nos jouissances l'élément purement physique de l'élément moral; car toute jouissance est d'ordre psychique ou de conscience. Il est aussi impossible de distinguer ce qui flatte nos instincts individuels de ce qui flatte nos instincts affectifs et sociaux. Fourrier a pu soutenir que les sentiments de famille ne sont que de l'égoïsme étendu, et l'on en pourrait dire autant des sentiments civiques ou patriotiques. On en revient donc à devoir considérer comme *bien égoïste* toute jouissance individuelle directe qui satisfait l'un quelconque de nos instincts et nous donne une sensation interne de plaisir, sans nous imposer aucun sacrifice corrélatif. Cette catégorie du bien direct, soit physique, soit moral, soit intellectuel, selon l'objet qui la cause, se présente à nous, ainsi élargie, comme le seul bien réel, positif, absolu, sans aucun élément négatif à en déduire. C'est la somme de ce bien senti par chaque conscience qui constitue le bien général dans sa totalité, et cette forme directe et absolue du bien est but et fin de toute activité organique ou sociale, comme elle est but et fin du bien moral lui-même qui n'est, chez l'individu, que l'acquiescement de sa volonté au bien général.

De même, le mal égoïste comprendra toutes les formes, physiques, morales ou intellectuelles de la souffrance individuelle dont la totalité constitue ainsi le mal moral général. Par conséquent cette totalité comprendra les sacrifices plus ou moins douloureux de l'égoïsme fait en vue du bien général. Ce qui revient à dire que le bien, dit moral, résultant des sacrifices de l'égoïsme, est une part du mal général.

Car ce bien, dit moral, dès lors comprendra exclusivement les sacrifices faits par l'égoïsme aux devoirs sociaux, altruistes, déduction faite des jouissances que l'égoïsme peut y trouver, c'est-à-dire des satisfactions que ces sacrifices mêmes procurent à ces instincts d'ordre supérieur que la sociabilité développe en nous. De sorte qu'au fur et à mesure du développement de plus en plus complet de ces instincts et de leur intensité croissante, la part du bien égoïste augmentera sans cesse, tandis que diminuera la part du bien moral, ou du bien altruiste désintéressé, c'est-à-dire la somme des sacrifices gratuits à faire par l'individu à la collectivité.

C'est, au fond, en ce sens que jusqu'ici nous avons pris les termes de bien physique, égoïste ou individuel et de bien moral, réservant exclusivement ce dernier terme pour désigner la part de bien individuel à laquelle l'égoïsme renonce en vue d'accroître en quantité, qualité ou intensité, la somme du bien général.

L'extension d'un égoïsme qui se borne à accroître sa part de jouissance sans diminuer celle des autres, et sans accroître leur part de souffrance, est donc un bien, loin d'être un mal; mais l'égoïsme envahissant qui menace les égoïsmes rivaux d'inféoder leur liberté à l'accroissement de la sienne, est un mal non moins réel, contre lequel tous les membres de la collectivité sociale ont, non pas le droit, mais le devoir strict de résister. Tel sera, par exemple, dans la famille, la domination absolue de l'égoïsme du père sur la femme et sur les enfants; tel sera, à plus forte raison, dans l'état, la domination d'un homme s'arrogeant, par ruse ou violence, une dictature légale, ou seulement réelle, qui livre à sa merci l'intérêt de la collectivité.

IV

Le bien et le bonheur.

De cette corrélation entre le bien sensible ou égoïste et le bien moral, il résulte que celui-ci n'existe que comme moyen, celui-là étant seul but et fin. C'est ce qui nous explique cette loi de notre entendement qui nous fait considérer *a priori* le bien et le bonheur comme en relation réciproque de cause à effet. Le bien étant tour à tour cause du bonheur et le bonheur cause du bien, le moyen devient fin et la fin moyen. Le bien rend heureux l'être individuel et il est bien que l'être individuel soit heureux. La somme totale du bonheur chez tous les êtres individuels est la somme totale du bien : c'est le bonheur général. Si aucun être n'était malheureux, ce serait à la fois le bonheur et le bien universels, absolus, parfaits; et aucune occasion de ce que nous appelons le bien moral ne saurait se présenter.

Les anciens philosophes avaient donc toute raison d'identifier le souverain bien et le bonheur, au moins spéculativement, et en considérant la totalité des êtres et des choses. Dans la réalité, toujours relative, et au point de vue de chaque être, individuellement considéré, il en est tout autrement. Aucun d'eux n'étant complètement heureux, chacun d'eux souffre une certaine somme de mal dont la totalité constitue le mal général. Le mal est donc du bien individuel en moins qui exige une certaine somme de bien moral en plus pour que l'équilibre soit rétabli, et le mal moral consiste en ce que du bien moral, restant en moins, cet équilibre total ne peut se rétablir.

Il en résulte une diminution réelle à l'infinité du bien qui le rend fini, le crée, le détruit partiellement et d'absolu le rend relatif dans sa totalité.

Il est dans la nature psychique de toute volonté consciente de désirer le bonheur, d'aimer le bien, avant tout son propre bien et, par extension seulement, celui des autres dans la mesure nécessaire à l'atténuation du mal, qui se corrige en se partageant, comme un fardeau trop lourd pour un seul ou quelques-uns, devient léger à un plus grand nombre. La justice, qui n'est qu'une des formes du bien moral, consiste donc autant dans la répartition, autant que possible égale, des maux physiques, que dans celle des biens qui tend à se faire d'elle-même par la seule activité des égoïsmes en lutte. Mais si le bien moral consiste, avant tout dans l'atténuation du mal individuel, par son équitable répartition sur le plus grand nombre d'êtres possible, de sorte que chacun, prenant volontairement sa part du fardeau commun, nul n'en soit accablé, il en résulte que le mal individuel est en soi haïssable, pour chacun, comme pour tous, et que la moralité consiste justement dans cette haine qui cherche à le détruire par le concert des volontés solidaires.

Aimer ce qui est mauvais, même chez les autres ; vouloir le mal pour le mal, sans qu'il en résulte un bien quelconque pour soi-même, est contradictoire à la nature de la volonté consciente, intelligente à la fois de son but et des moyens de l'atteindre. Ce serait une aberration de la raison pratique analogue à celle dont serait entachée la raison théorique par une conclusion contraire à ses prémisses.

En réalité, un phénomène si irrationnel ne se produit jamais. En vain on citerait, comme exceptions à cette grande loi de finalité, quelques exemples d'instincts spécifiques, portant certains êtres à en détruire ou à en faire souffrir d'autres, sans utilité pour eux-mêmes. Ces phénomènes complexes s'expliquent aisément, soit par l'inconscience du mal commis et souffert, soit par l'erreur de la sensibilité passionnelle héréditaire qui trouve des jouissances à certains actes que nous jugeons inutiles, parce qu'ils ne répondent à aucun de ces besoins que nous savons être de première nécessité vitale. Dans le premier cas, l'agent du mal ignore qu'il le cause; dans le second, il trouve de la jouissance à le causer ; dans aucun, il ne se soustrait à la règle qui soumet tout acte volontaire conscient au déterminisme des motifs considérés. Le seul agent responsable du mal ainsi commis, par ignorance ou par des motifs sans valeur objective réelle, c'est la nature spécifique héréditaire qui a permis le développement d'instincts faux, incomplets, inadéquats aux vrais besoins, c'est-à-dire en somme mauvais. Si l'on analysait bien tous les cas où se produit ainsi un mal inutile, une somme de souffrance qui n'est pas rachetée par une somme de jouissance supérieure ; on trouverait que les aberrations héréditaires des instincts organiques, et des actes reflexes ou réfléchis qu'ils déterminent, sont la cause principale des souffrances inutilement subies par tout le monde vivant. C'est en cela justement que l'organisation du monde vivant est fautive, imparfaite et trahit par cette imperfection de son plan, qu'elle est l'œuvre de forces aveugles et non celle d'une intelligence omnipotente. De même que les fous ne manquent jamais de logique et raisonnent fort rigoureusement, une fois leurs prémisses posées, mais sont égarés par l'erreur de leurs prémisses elles-mêmes, fondées sur des sensations purement imaginaires ; également, l'homme le plus vicieux ou le plus criminel, en s'adonnant au vice ou au crime, agit pour le mieux à son point de vue personnel momentané : c'est-à-dire qu'il satisfait celle de ses passions qui, dans le moment, lui fournit les motifs déterminants les plus impérieux, ceux qu'il juge les meilleurs pour lui et ceux qui sont en réalité les plus forts sur sa conscience, en vue d'éviter un mal qui lui semble pire que celui qu'il choisit. S'il se trompe, c'est encore dans ses jugements, fondés sur ses appréciations intimes de la valeur relative des choses, et sur un sentiment plus ou moins faux de leurs qualités respectives.

Il y a donc erreur d'instinct, erreur de sentiment, de jugement éthique ou même de jugement pratique chez le vicieux et le criminel ; comme il y a généralement erreur de sensation chez le fou ; bien que souvent la limite entre la folie irresponsable, trompée par ses sensations, et la passion responsable, trompée par ses sentiments, soit très difficile à fixer. En tout cas, il n'y a, ni chez l'un, ni chez l'autre, erreur de raisonnement ou défaillance de la volonté. On pourrait même établir que, chez le vicieux ou le criminel, l'erreur de jugement et de sentiment provient, comme chez le fou, d'une diversité de la sensation qui lui fait apprécier autrement les choses, qui en change la valeur relative, qui donne pour lui à certains biens le prix qu'ils n'ont pas pour d'autres ou lui font préférer certains maux que d'autres fuiraient à tout prix.

A ce point de vue, le criminel et le vicieux se rapprochent sensiblement de certains sauvages qu'on voit, comme chez les peaux-rouges, infliger à leurs prisonniers les plus horribles supplices, pour jouir du spectacle de leur courage à les supporter, spectacle qui ferait frémir des peuples plus civilisés. De même encore certains fanatiques religieux cherchent, comme le plus désirable des biens, un martyre que d'autres natures, plus éclairées, fuiraient comme une forme déguisée du suicide. Les uns et les autres sont abusés par des erreurs de jugement et de sentiment, qui sont, en réalité, le résultat d'erreurs de sensation, et qui, comme telles, confinent à la folie; les erreurs de jugement pouvant devenir à leur tour des erreurs de sensation. Ainsi, tel fanatique devra les déterminations de sa volonté à quelque vision subjective ; un sauvage devra sa cruauté envers ses ennemis à quelque croyance héréditaire de sa race sur le sort des âmes après la mort, peut-être fondée sur le rêve d'un ancêtre de la tribu, qui lui aura représenté la figure d'un chef, tué en combattant, demandant vengeance sur les prisonniers ennemis.

De là de fausses notions du bien, de fausses notions du devoir qui, en somme, ont peut-être fait plus de mal à l'humanité que l'absence même de toute moralité et que les maux physiques individuels qui résultent de la nature des choses.

Tout être vivant, conscient et rationnel, veut donc d'abord son bien, ou du moins ce qu'il juge tel : c'est-à-dire la satisfaction égoïste de ses besoins, de ses instincts, de ses sentiments, de ses passions, qui ne sont, dans l'ordre physique, moral et intellectuel, que des besoins plus violents, des instincts héréditaires plus exagérés ou même des habitudes depuis plus longtemps contractées. Le plus égoïste, comme celui qui l'est le moins, ne fait jamais que choisir ce qui lui paraît le mieux, entre les maux qui lui semblent les moindres ou les biens qui sont le plus appréciés par sa nature individuelle.

Il sacrifie certains de ses besoins, de ses désirs ou de ses craintes à d'autres craintes, désirs ou besoins qui lui commandent plus impérieusement, et ses instincts les plus faibles à ceux qui le dominent avec plus de puissance. L'homme que l'on peut considérer comme le plus vertueux, ne fait en somme qu'obéir à des passions plus nobles, à des sentiments considérés, au point de vue général, comme étant d'un ordre supérieur, mais qui, s'imposant au choix de sa volonté, en vertu de l'équilibre particulier de sa nature passionnelle, le contraignent à refouler les passions et les sentiments contraires, moins développés chez lui.

Ainsi, tandis que le voleur ou le meurtrier est déterminé au crime par la cupidité ou le besoin d'assouvir certaines passions brutales, le héros obéira au sentiment de l'honneur, l'artiste à l'amour du beau, **le savant à l'amour du vrai :**

chacun d'eux sacrifiera à sa passion dominante, ses passions secondaires.

L'art de gouverner les hommes pour le plus grand bien du plus grand nombre, consiste donc à développer en eux les nobles passions sociales, qui les rendent utiles à leurs semblables, et à atténuer, par l'éducation, ou décourager, par la crainte de l'insuccès ou celle des châtiments, les passions violentes et nuisibles. En somme, le rôle de l'éducateur, comme celui du législateur, est de fournir aux volontés des mobiles qui les déterminent au bien général et qui les éloignent de ces excès de l'égoïsme qui constituent le mal pour le reste de la collectivité sociale.

V

Le bien et le mal ressort de la volonté.

De la nature organique de la volonté, qui l'assujettit à toujours se déterminer par les plus puissants motifs, il ressort que le bien n'existe que pour des êtres doués de conscience autonome. Ces êtres supprimés, dans l'ordre du monde, il n'y aurait plus ni bien ni mal, mais l'existence pure, indifférente à toute loi morale, et condamnée à l'inertie absolue par l'absence de tout mobile reflexe ou réfléchi d'action.

Le bien en soi n'existe donc pas plus que le beau [1]. Comme le beau, il n'est pas substance,

---

[1] Voy. : *De la nature du beau. Revue de philosophie posit.*, janv.-févr. 1879.

mais attribut, ou plutôt qualificatif d'attribut et rapport des êtres entre eux. Et ce rapport ne devient objectif qu'à la condition d'être aussi subjectif, c'est-à-dire d'être senti par une conscience.

Mais une seule conscience qui le sent, suffit à lui donner toute réalité, lors même qu'il n'existerait pour aucune autre. Qu'en effet, un seul être jouisse ou souffre, de quoi que ce soit, en quelque manière que ce soit, sa souffrance ou sa jouissance est un fait qui ne peut plus être supprimé. Il est acquis, il existe. Lors même que cette souffrance ou cette jouissance serait toute subjective, toute imaginaire, cela ne détruirait pas le fait de la sensation agréable ou douloureuse éprouvée par un être conscient.

Qu'un fou se persuade qu'il est persécuté, injurié, torturé, mis à mort, il souffre de ses sensations subjectives, comme si elles étaient objectivement réelles. Qu'en rêve nous éprouvions une douleur ou une joie quelconque, cette joie, cette douleur nous en avons joui ou souffert. Nous l'avons éprouvée, expérimentée, comme si elle était réelle et, tant que notre rêve a duré,

3.

nous l'avons, pendant le même temps, aimée ou haïe, comme agréable ou pénible; parce que même l'état de sommeil ne peut changer la nature de notre entendement qui consiste à haïr ce qui nous fait souffrir et à aimer ce qui nous donne du bonheur. Un rêve qui nous rend heureux est donc un bien réel en dépit de l'irréalité des représentations subjectives qu'il nous a offertes. Et ce bien ne diffère d'un bien objectif que par la déception qui suit notre réveil et qui met fin à notre joie, sans supprimer la part que nous en avons prise. De même, le bonheur d'un fou ambitieux, qui se croit roi ou Dieu, est une réalité en tant que jouissance individuelle, en dépit de l'irréalité objective des sensations qui la produisent.

C'est ainsi que les croyances religieuses, même les plus grossières et les plus erronées, ont pu parfois participer au bonheur particulier des individus, en flattant leurs penchants, leurs passions égoïstes, par des satisfactions subjectives; en leur donnant des consolations, des espérances dont les déceptions d'outre-tombe ne pouvaient détruire les heureux résultats viagers. Elles ont pu ainsi produire une somme de bonheur imaginaire à chacun des êtres sensibles qui participaient à cette foi, quelque erronée qu'elle fût. Mais, d'un autre côté, ces mêmes religions pouvaient produire objectivement un mal social réel, quand les doctrines morales, ainsi répandues, avaient pour effet de diminuer ou de détruire des activités utiles et productrices, de les détourner de leur véritable but et d'entraver ainsi les progrès ethniques de la moralité désintéressée, en surexcitant les égoïsmes par l'espoir trompeur d'une autre vie plus heureuse en compensation des maux volontairement subis sur la terre. Elles pouvaient nuire au bonheur général, surtout en amenant ces conflits d'opinion ou d'intérêts d'où naissent les discordes des familles et ces crises de fanatisme morbide qu'on a vues, tant de fois dans l'histoire, et presque à chaque siècle, éclater tout à coup en guerres civiles ou en entreprises conquérantes.

Généralement, et tout en aidant par certains côtés au progrès des mœurs, en prêtant un appui, parfois efficace, aux disciplines sociales, en adoucissant les âpretés brutales de races encore barbares, les religions ont apporté un réel obstacle au véritable progrès social et au développement héréditaire des vrais instincts moraux, en accoutumant les volontés à se déterminer par des motifs imaginaires d'intérêt personnel, absolument étrangers à l'ordre réel de la nature des choses, et en substituant les calculs de l'égoïsme d'outre-tombe aux sentiments affectifs de sympathie, de sociabilité, de patriotisme et de dignité individuelle qui sont les seuls fondements de toute moralité solide.

Bien plus encore, elles ont diminué souvent, pour l'individu lui-même, la somme des jouissances réelles et objectives auxquelles il pouvait moralement prétendre, en le sollicitant à des privations inutiles, à un ascétisme contre nature, à des pratiques oiseuses, ou même douloureuses, qui, non seulement l'éloignaient de ses vrais devoirs, mais altéraient ses forces pour les remplir. Souvent elles l'ont entraîné à des actes d'intolérance ou de fanatisme vis-à-vis de ses proches, pour les contraindre à suivre les mêmes règles ascétiques, à s'imposer les mêmes pratiques ou les mêmes privations, sans profit pour aucun être humain et au détriment de cette heureuse gaîté qui est un des biens les plus précieux du foyer domestique et des sociétés humaines en général. Quelles que soient les consolations subjectives que les religions ascétiques puissent procurer à leurs adeptes, il est douteux qu'elles équivalent à la somme des joies légitimes dont ils les privent. C'est donc, en somme, une diminution dans la somme totale du bien individuel, réalisable dans un état social donné, qu'elles ont produit, sans que l'on aperçoive une compensation dans la somme du bien général qui peut être dû à leur influence.

Un martyr qui se laisse torturer, avec l'espoir d'être récompensé au centuple dans un autre monde, peut jouir, en réalité, de cette espérance, plus qu'il ne souffre de son supplice. En obéissant à de tels mobiles, il fait preuve seulement d'un immense égoïsme, et ne peut même inspirer de pitié si, ayant cru ainsi choisir le parti qui lui promettait les joies les plus vives, il se voit trompé par la mort dans ses calculs, en même temps que frustré du prix attendu de ses douleurs inutiles dans la vie.

Il en est autrement de l'homme qui, pour une croyance, une opinion, même fausse, qu'il embrasse en la croyant conforme à l'intérêt général et qu'il soutient en vue d'un progrès social à accomplir, se dévoue, risque sa vie, sa liberté, subit l'exil, la prison ou la mort. S'il n'a, en réalité, obéi qu'à des passions morales et intellectuelles, dont la satisfaction lui semble préférable aux souffrances, d'ordre également intellectuel et moral, qu'il eût ressenties en mentant à ses convictions, en se montrant lâche, renégat ou traître envers ses coreligionnaires; s'il a sacrifié au sentiment de l'honneur et du devoir sa fortune, l'avenir des siens, les joies du foyer; il faut toutefois reconnaître qu'il a été déterminé par les mobiles de l'ordre le plus élevé, par les plus nobles sentiments dont l'humanité s'honore; et l'on sent comme un besoin instinctif d'équité qu'il en soit récompensé.

Bien qu'en pareil cas, encore, il ait choisi ce qui semblait le mieux à sa nature, qu'il ait été déterminé par la résultante de son équilibre passionnel spécial, et lors même qu'il trouverait une récompense équivalente à ses sacrifices dans le sentiment de fierté légitime que donne la conscience du devoir accompli aux hommes vraiment supérieurs, néanmoins, nul ne pourrait contester la haute moralité de sa détermination, au point de vue subjectif tout au moins.

Car au point de vue objectif, le jugement à porter sur la valeur de ses actes peut être bien différent, soit que cet homme ait eu raison, soit qu'il ait erré.

Si l'opinion à laquelle il s'est sacrifié était vraie, si la cause qu'il a embrassée était juste, si réellement son triomphe pouvait aider un progrès social à s'accomplir, s'il devait en résulter une augmentation du bien général, une dimution du mal, le dévouement de cet homme a été moral, non seulement au point de vue subjectif de la conscience individuelle, mais absolument louable au point de vue objectif supérieur de la conscience humaine générale. Mais si, au contraire, la cause dont il s'est fait le champion était injuste, si son triomphe, au lieu d'être utile à l'humanité, ne pouvait que lui nuire;

s'il devait en résulter une diminution du bien général, une augmentation du mal, cet homme a été objectivement immoral en dépit de sa moralité subjective. Non seulement il n'a pas servi l'humanité, mais il lui a nui et s'est nui à lui-même, sans autre compensation que cette croyance erronée d'avoir rempli un devoir, quand, au contraire, il commettait inconsciemment un crime en nuisant au bien général qu'il croyait servir.

Il faut bien reconnaître que l'histoire nous montre souvent de ces héroïsmes aveugles et erronnés qui ont dépensé de précieuses forces morales et des trésors de vertus au service de mauvaises causes.

Dans cette catégorie de héros subjectifs qui ont été pour l'humanité des fléaux réels, il faut placer, avec la plupart des soldats conquérants abusés par leurs capitaines, les apôtres et les martyrs de bien des croyances religieuses, de bien des sectes ou castes sociales qui, pour le malheur de l'espèce, ont souvent fait triompher, soit des dynasties, soit des institutions, soit des dogmes ou des principes qui ont nui à l'évolution humaine et l'ont retardée, au lieu de la précipiter et de la servir.

Au nombre de ces victoires funestes des mauvaises causes, il faut bien placer l'établissement de ces immenses empires absolus du vieil Orient, toujours fondés au moyen de guerres injustes, qui asservissaient momentanément vingt peuples à un despote, trop bien obéi, et que d'autres despotes renversaient à leur tour. Il faut y placer les conquêtes des monarques d'Assyrie ou de Babylone sur des peuples plus policés qu'eux, tels qu'étaient les Phéniciens, les Grecs, les Hébreux eux-mêmes. Les conquêtes d'Alexandre ont abaissé le génie grec au lieu de le servir, comme celles des Romains ont étouffé en germe plusieurs peuples qui leur étaient moralement et socialement supérieurs. Les victoires de Charlemagne, bien qu'ayant servi à répandre certaines lueurs civilisatrices chez les barbares qui avaient arrêté l'essor de la civilisation latine, n'ont eu pour résultat définitif que de fonder, sur le servage, la féodalité du moyen âge. Les victoires de Charles-Quint et celles de Louis XIV ont retardé, au profit de la royauté, le grand mouvement émancipateur de la Renaissance, et celles de Bonaparte ont enrayé pour cent ans l'élan révolutionnaire qui a marqué le début de l'ère moderne. Et tout cela a coûté des millions de vies sacrifiées à ce qu'on a nommé le devoir militaire.

Mais la plus inutile dépense d'héroïsme subjectif qui ait été faite dans le passé, est certainement celle qui a réussi à établir et à propager le christianisme sur les ruines de la civilisation gréco-romaine, et qui nous a valu, de Théodose et de Constantin jusqu'à la Renaissance, douze siècles entiers de décadence morale et de retrogression intellectuelle, avec des guerres incessantes et des troubles civils constants; de sorte que le monde européen, à la naissance de Bacon, de Descartes, de Galilée, s'est trouvé avoir reculé sur le siècle de Socrate et d'Aristote.

De nos jours, enfin, n'avons-nous pas vu, en France, des partis, héroïquement criminels, deux fois perdre la République par leurs violences aveugles, et une troisième fois, la réduire au plus imminent péril, tout en prétendant la défendre. Au point de vue de la moralité subjective, il faut mettre sur le même rang un Marat et un Torquemada, un Robespierre et un Charette. Jamais hommes vicieux n'ont fait plus de mal à l'humanité que ces fanatiques de vertu, en proie au délire des faux mobiles d'action, dérivés des faux jugements de l'esprit.

Il ne suffit donc pas à l'homme de croire bien faire, il faut surtout qu'il fasse bien ; puisqu'en somme il vaudrait mieux pour l'humanité que ces vertus nuisibles, qui ont cru bien faire en faisant mal, n'eussent jamais existé.

Il est étrange de constater que, jusqu'ici, l'humanité a moins souffert de ce qu'on a appelé ses vices que de ce qu'on a appelé ses vertus, que l'assassinat a coûté moins de vies que le courage guerrier, que le vol a causé la ruine de moins de familles que les superstitions, que les débauches de toutes sortes ont empêché moins de naissances et causé moins de troubles, de larmes, de misères physiques et morales que le fanatisme religieux ou politique.

Est-ce à dire que l'assassinat, le vol, la débauche soient des biens ? Nullement : mais on peut se demander si les remèdes qu'on a prétendu y apporter n'ont pas été pires que le mal lui-même qu'ils prétendaient conjurer; et si l'homme, sans lois, sans police, sans armée, sans gouvernement politique ou sacerdotal, ne serait pas devenu meilleur qu'il ne l'est encore aujourd'hui, sous les influences oppressives ou les tyrannies mensongères qu'il a subies, mais, qu'après tout lui-même s'est imposées, et auxquelles, depuis un siècle seulement, il s'efforce d'échapper.

VI

Subjectivilité du jugement sur le bien et le mal. — Variation de l'idée du bien.

Comment expliquer que chaque nature individuelle diffère sur l'appréciation du bien, de façon que chaque représentant de l'humanité, comme presque chaque espèce dans la série des êtres doués de volontés conscientes, ait en mêmes circonstances, une conduite différente, et, sous l'empire d'un équilibre passionnel contraire, donne une résultante de motifs déterminants tout opposés dans des conditions qui semblent analogues ?

Le bien et le mal pour les uns n'est donc pas

le bien et le mal pour les autres. A la réalité objective de la sensation se mêle, chez tout être sentant et conscient, un élément subjectif prédominant, qui fait que tous ne jouissent ou ne souffrent pas également pour des causes identiques, et portent sur les mêmes éléments sensitifs des jugements éthiques différents. Il y a donc diversité, non seulement dans les jugements, mais dans les sentiments que font naître des sensations en apparence identiques. Il faut conclure qu'en somme le bien et le mal sont individuellement déterminés par des rapports, essentiellement individuels, entre le sujet sentant et les choses senties, rapports qui changent avec leurs deux termes.

On comprend dès lors pourquoi le bien et le mal sont l'objet de jugements différents, non seulement pour des hommes de diverses races et de divers temps, mais pour des hommes de la même race dans le même temps ; que ces jugements changent chez chaque individu avec les sexes, les âges, les tempéraments, les habitudes, la culture de l'esprit, l'éducation de la volonté, l'état de santé ou de maladie, les exemples, les affections, les milieux sociaux, même dans les groupes de population qui participent le plus aux progrès scientifiques et à l'esprit critique qui en résulte.

Ces jugements changent dans chaque race, avec son degré d'évolution intellectuelle, de civilisation morale et industrielle; avec ses conditions sociales et politiques; avec les climats et la configuration du sol : c'est-à-dire avec tout ce qui entraîne des variations constantes, dans l'équilibre passionnel. Ils ne sont pas les mêmes dans la guerre et dans la paix, dans l'état sauvage et dans l'état barbare, dans la vie nomade des pasteurs et dans la vie sédentaire de l'agriculteur, chez le paysan et chez l'ouvrier urbain, chez le pauvre et chez le riche. Chaque caste sociale, presque chaque profession a ainsi sa morale particulière, qui ne sera plus, pour l'humanité future, ce qu'elle est pour l'humanité actuelle et ce qu'elle a été pour l'humanité primitive. Ce qu'on appelle la morale générale se compose essentiellement de tous les traits généraux communs à toutes ces morales spéciales ou individuelles, et ces traits généraux eux-mêmes se montrent plus ou moins altérés à travers les espaces, comme à travers les temps, dans l'évolution moyenne, résultante des sentiments éthiques.

Certaines de nos passions ont acquis plus de vivacité, d'autres se sont affaiblies; certains de nos sentiments sont devenus plus profonds, plus intenses, d'autres plus superficiels, certains de nos instincts se sont atténués, d'autres ont été surexcités. Les besoins les plus impérieux de la vie organique eux-mêmes ne nous commandent plus dans la même mesure. Ainsi, les repas pantagruéliques de nos pères, le plaisir de beaucoup manger et de beaucoup boire, celui qu'ils trouvaient dans l'ivresse, ont cédé la place à des satisfactions du goût plus raffinées. Moins gourmands, nous sommes plus sensuels. La vie que menaient les barons du moyen âge, toujours chassant, chevauchant ou guerroyant, ne serait qu'une insupportable fatigue et un mortel ennui pour leurs descendants. Nous ne nous battons pas après les festins comme nos ancêtres, les Gaulois, les Germains, les Scandinaves. Nous ne nous complaisons plus ni aux tournois féodaux, ni aux jeux pythiques de la Grèce héroïque. Le duel, reste du jugement de Dieu, tombe heureusement en désuétude et, s'il subsiste et s'impose encore comme instinct, il est condamné universellement par la raison, comme un préjugé héréditaire, comme une survivance des sentiments propres à une autre époque et à d'autres conditions sociales. D'un autre côté, l'amour de la famille est devenu plus intense et semble avoir hérité de ce qu'a perdu l'amour de la tribu, du clan ou de la cité. En revanche, le patriotisme ethnique est devenu patriotisme géographique. Le sens du mot politique lui-même s'est élargi; il ne s'applique plus au municipe, à la ville, à son étroit territoire, mais à l'ensemble d'institutions qui constitue l'État, à toute l'agglomération nationale parlant une même langue.

Nous n'avons plus les mêmes notions du bien et du mal que les Romains et les Grecs; tous les peuples européens les conçoivent autrement que tous les peuples asiatiques; nous jugeons autrement les mêmes faits que les anciens et que les Orientaux. Les grands hommes de Plutarque ne seraient plus les nôtres. Ils seraient aujourd'hui jugés très sévèrement par la conscience contemporaine.

Nos idées pratiques sur le devoir se sont profondément modifiées; nos mœurs se sont transformées comme nos instincts. La femme prend de plus en plus dans la société une place qu'on lui avait refusée; on soupçonne que l'enfant dans la famille a autre chose que des devoirs, que le père a envers lui autre chose que des droits. Il s'est fait comme un chavirement entre les fins et les moyens dans la conscience morale qui ne voit plus son but suprême dans le bonheur individuel de quelques mâles privilégiés, et qui commence à comprendre qu'il existe entre les générations successives une solidarité étroite, résultant du fait que nul être ne peut souffrir dans le corps social sans que tous ses éléments soient atteints.

Bien que certains de nos sentiments moraux soient restés analogues, bien que la plupart de nos sensations soient demeurées identiques en qualité, sinon peut-être en intensité, on peut constater néanmoins des nuances profondes dans nos jugements, qui proviennent évidemment d'une culture intellectuelle différente. Ces différences dans la conscience s'accentuent surtout chez les classes éclairées, vivant sous les mêmes lois avec les mêmes destinées. Enfin, ce que le patriotisme a perdu, l'humanité l'a gagné ; car au-dessus de la patrie, géographique ou politique, la conscience moderne aperçoit la grande collectivité de l'espèce, dont les droits priment tous les autres et aux intérêts de laquelle tous les autres intérêts doivent être sacrifiés.

Mais, tandis que ces changements s'accomplissent dans la conscience des individus des races supérieures, et surtout dans les rangs de leurs classes cultivées ou urbaines ; on voit, soit dans leurs rangs inférieurs ruraux, soit chez les déclassés des villes, soit, plus encore, chez les représentants des anciennes races, dont l'évolution s'est arrêtée ou a seulement été plus lente, paraître l'étroite morale ethnique des peuplades primitives qui, reconnaissant entre leurs membres certains droits, réciproques de certains devoirs, vis-à-vis des peuplades voisines, rivales ou ennemies, ne se sentent plus que des droits : ceux que la force leur garantit.

De même, voit-on varier la jouissance et les mœurs entre les divers échelons sociaux d'une même nation. Les plaisirs du paysan ne sont pas ceux de l'homme des villes ; le soldat a d'autres mœurs que l'industriel ou le savant. Il en est à cet égard des diverses castes humaines superposées, par la division du travail, dans un même organisme politique, comme des diverses familles d'êtres organisés, où toutes les manifestations de l'instinct présentent des modifications telles que rien ne semble commun dans leur manière de jouir et de souffrir.

Ainsi l'oiseau jouit de son chant, de la rapidité de son vol, de l'intensité de la lumière. Sans aucun sentiment affectif, spécifique ou ethnique, il est tout entier, mais annuellement, dévoué à ses affections de famille. Au contraire, certains insectes, certains reptiles cherchent l'obscurité et l'immobilité au fond d'un trou obscur, comme l'oiseau cherche la lumière et le mouvement. Sans affection pour une progéniture qu'ils ne connaîtront pas, ils semblent se rechercher entre semblables. De même, le chat, le lion trouvent du plaisir à chasser, indépendamment du besoin d'assouvir leur faim ; tandis que le cheval s'enivre de sa propre course, dédaignant même de brouter les pâturages qu'il traverse. Le porc trouve de la volupté à se vautrer dans la fange, que le sanglier et toutes les espèces sauvages évitent avec soin. Tous ressentent violemment les passions sexuelles, mais les mâles n'ont pour leur progéniture, dont la mère seule s'occupe, aucun soin affectif. Les enfants sont immédiatement étrangers au père. Mais chez les chevaux, les bœufs, les moutons, l'instinct social remplace l'instinct de famille et se manifeste dans le troupeau avec un commencement de solidarité spécifique. Et plus les types organiques sont différents, plus leurs jouissances et leurs souffrances s'éloignent de celles que nous pouvons ressentir et concevoir, de sorte que leurs intérêts, leurs besoins, leurs passions deviennent inaccessibles à notre intelligence.

Mais tandis que, dans chaque espèce animale, ces passions, ces instincts, ces besoins se manifestent, chez tous ses représentants, avec une sorte d'uniformité fatale, quant à leur qualité ou leur intensité ; au contraire, dans l'humanité, la plus variable des espèces, et surtout dans nos races supérieures, les plus diversifiées comme types physiques et facultés psychiques, toutes les manifestations instinctives et passionnelles, rapidement modifiables par l'éducation individuelle, sont comme en fluctuation constante, de sorte que l'action héréditaire elle-même semble insuffisante pour les fixer. L'influence sans cesse modificatrice des milieux sociaux ambiants, de l'exemple, de la tradition orale, ne laisse pour ainsi dire pas un seul individu humain semblable à lui-même durant toute sa vie, et altère incessamment, dans les directions les plus opposées, son équilibre passionnel. Un honnête jeune homme devient ainsi, quelques années plus tard, un fripon ; une pure jeune fille tourne à la Messaline ; réciproquement un coupable s'amende ; la mère rachète l'épouse ou la fille. Dans l'enchevêtrement des existences et des mobiles déterminants d'action qui viennent solliciter les consciences, aucune d'elles ne reste fidèle à elle-même dans ses principes directeurs. On s'explique ainsi comment la même race, le même milieu social, dans le même temps, en face des mêmes événements, peut produire des individus agissants, avec une conviction égale, en sens absolument opposé, qui jugent du bien et du mal selon des critères si différents, que l'un deviendra un Marat et l'autre un Condorcet, que l'un sera Charette et l'autre Robespierre, tous avec une égale conscience subjective de prendre le meilleur parti moral.

Cependant, au point de vue du bien objectif, tous ne peuvent avoir également raison. Condorcet vivant eut peut-être sauvé contre Bonaparte la République, attaquée en vain par Charette; et Robespierre n'eut pas causé la mort de Condorcet, si Marat était mort d'un coup de pied de cheval dans les écuries du comte d'Artois. Entre ces quatre consciences humaines, l'histoire à venir devra décider et décidera que Condorcet a le mieux mérité de l'humanité, parce qu'il a mieux discerné que les autres le bien humain général et comme but et comme moyens.

Et si Condorcet, Robespierre, Marat et Charette ont tous quatre également obéi à un déterminisme fatal, résultant de leur équilibre passionnel, lui-même produit par les influences divergentes du même milieu ambiant sur leur innéité héréditaire différente; si, au point de vue subjectif, ils ne sont pas plus responsables les uns que les autres du bien et du mal qu'ils ont fait; au point de vue objectif, chacun, devant la conscience humaine, n'en est pas moins responsable des conséquences de ses actes respectifs sur tout l'ensemble du déterminisme passionnel de leurs contemporains, sur lequel ils ont influé en sens si divers. Objectivement coupables, non seulement du mal qu'ils ont fait directement, mais de celui qu'ils ont fait faire, et également louables de la part de bien dont chacun a été la cause, même inconsciente, l'humanité a le droit de bénir ou maudire leur mémoire dans la mesure où chacun d'eux lui a nui ou lui a servi.

Le reproche qu'on fait au déterminisme de détruire toute responsabilité morale est donc mal fondé. Tout être est responsable de l'ensemble de sa nature tout entière, comme intelligence et comme volonté, comme caractère moral et comme agent physique. On ne demande pas à la vipère si c'est en vertu d'une détermination libre qu'elle distille son venin ; au lion affamé on ne reproche pas d'être cruel quand il mange un homme ou vole un mouton. L'homme se sent le droit de tuer le lion, comme la vipère, parce que l'un comme l'autre, constituent un péril pour l'espèce humaine. De même, il importe peu que l'assassin ou le voleur ait été libre de commettre un crime ; il suffit qu'il l'ait commis en de telles conditions qui prouvent que c'est son équilibre passionnel mauvais qui l'a porté à le commettre. En ce cas, la société le supprime, comme un de ses membres dangereux, dont l'existence est incompatible avec la sécurité des autres et déshonorante pour l'espèce même, dont il abaisse le type moral moyen. C'est de même qu'on enferme le fou furieux qui n'a de plus que l'excuse de s'être trompé, non pas seulement dans ses jugements, mais dans ses sensations elles-mêmes. En dehors et au-dessus de la moralité de conscience, toujours plus ou moins subjective, et individuellement déterminée par l'équilibre passionnel propre de chaque individu, résultat des influences de toutes natures qu'il a subies, il y a donc une moralité objective qui peut servir de critère pour juger chaque acte particulier. L'objet de la science morale par excellence, de l'éthique rationnelle, est d'en trouver les bases et d'en formuler les principes.

C'est à elle qu'il appartient de décider, pour chaque représentant de chaque espèce, en chaque cas déterminé, quelles jouissances sont licites et morales, c'est-à-dire compatibles avec le plus grand bien général ; quelles limites doivent être imposées à la liberté égoïste, et dans quelle mesure cette liberté doit être sacrifiée aux droits de la collectivité.

En un mot, outre la science théorique des principes éthiques, il y a une casuistique morale qui doit définir les droits et les devoirs, tant pour chaque espèce, que pour chaque cas donné.

Le but de nos lois, de nos codes, de nos apophtegmes moraux, de nos usages sociaux, a été de tous temps de fixer cette casuistique ; mais sous l'influence de principes éthiques erronés, ces règles, pour la plupart, fausses, contraires à la vraie moralité objective, sont pour l'humanité un douloureux fardeau de prescriptions qui limitent étroitement sa liberté en diminuant son bonheur, au lieu de l'assurer et de l'agrandir.

Dans les mœurs surtout, que de gêne inutile, que de règles oiseuses et de formalités puériles ont été imposées à l'homme pour limiter sa liberté sans profit pour l'espèce ! Le mariage, par exemple, qui n'a d'autre but social que de protéger le droit de l'enfant et celui de la mère, en est arrivé à violer ces droits eux-mêmes. En constituant, à côté de femmes et d'enfants privilégiés, une sorte de caste inférieure de parias sans droits et sans protection, la loi a créé des maux qui n'ont point leur source dans la nature des choses.

DEUXIÈME PARTIE

FORMULE ALGÉBRIQUE DU BIEN ABSOLU DANS L'UNIVERS

- I -

Le problème du Bien doit être posé dans sa généralité.

Jusqu'ici, le problème du bonheur, de ce que les anciens philosophes ont appelé *le souverain bien*, n'a jamais été posé que dans les limites étroites des sentiments humains. C'est pour cela que tous les efforts des plus puissants esprits n'ont pu aboutir qu'à des contradictions inévitables dans une question si complexe, accessible seulement aux intelligences capables de faire abstraction de toutes les conditions spécifiques de l'équilibre passionnel. Ce problème, pour être résolu doit, en effet, être posé dans toute sa généralité. Sa solution doit rendre compte, non seulement de tout ce qui est humain, mais de tout ce qui est vivant. Elle doit pouvoir expliquer ce qui change dans les jugements éthiques, et ce qui demeure, et le pourquoi de ces variations et de cette invariabilité. Elle doit pouvoir concilier l'égoïsme individuel, le sentiment profond du bien particulier, préposé à la conservation de l'individu et chargé de le protéger, de le défendre, avec la moralité : c'est-à-dire avec le sentiment du bien spécifique, partiel ou général, et avec le sentiment supérieur et, encore aujourd'hui presque rudimentaire dans les consciences, où il naît seulement à l'état d'idée, du bien universel, c'est-à-dire d'un ordre idéal du monde le meilleur possible.

Il ne suffit donc pas de définir le bien pour tel individu, telle race, telle nation, telle espèce ; mais le bien dans l'ordre total du monde organique et inorganique, sous l'empire des lois fatales et nécessaires qui régissent, tant les forces aveugles de la nature que les forces psychiques conscientes qui l'animent et lui donnent un but.

Il faut enfin que notre notion du bien puisse comprendre le bien physique, comme le bien moral, le bien particulier comme le bien général, et résoudre la contradiction de leur apparente antinomie, en montrant comment l'un n'est que la forme supérieure de l'autre et sa généralisation abstraite, elle-même logique et nécessaire dans sa généralité.

II

Formule algébrique du Bien absolu.

Qu'est-ce donc que le bien dans sa nature absolue universelle ? *C'est un certain ordre des choses, établi de façon à multiplier la quantité d'existence et de jouissance possible dans l'univers par les plus grands facteurs possibles.*

La formule du souverain bien, du bien absolu, peut ainsi être représentée par une expression algébrique.

En effet, plus la quantité d'existence sera grande, et plus chacun des êtres existants sera capable de ressentir une somme supérieure, comme intensité et qualité, de jouissances, avec une somme inférieure, également comme qualité et intensité, de souffrances, plus la quantité totale de bonheur sera grande dans l'univers.

Chaque être individuel étant susceptible d'une certaine somme de jouissance j, d'une certaine intensité, i; comme d'une certaine somme de souffrance, s, d'une intensité variable, i, en proportion directe de sa faculté de jouir, nous aurons, pour la somme totale du bonheur de chaque individu sensible, une certaine quantité, a, représentée par cette équation :

$$a = (ji - si).$$

a est donc une quantité très variable, qui peut être positive, b, ou négative, m, selon que j sera plus grand que s; i, étant toujours égal dans les deux termes, $+$ et $-$, de l'expression, quoique variable dans chaque cas individuel.

Si nous connaissions la différence, $+$ ou $-$, de ces deux termes pour chaque unité consciente sensible, et le nombre, N, de ces unités, le bien absolu, B, serait la somme, b', de toutes les différences positives, b, moins la somme, m', de toutes les différences négatives, m, soit :

$$B = (b' - m')$$

Nous pouvons affirmer *à priori* que le nombre, N, des êtres conscients sensibles, coexistants dans l'espace infini, est indéfini, c'est-à-dire aussi grand que possible, mais non infini; parce qu'il est de l'essence de tout nombre donné d'unités coexistantes définies d'être fini. Mais, à la coexistance d'un nombre indéfini d'êtres conscients dans l'espace infini, il faut joindre leur succession, infinie, si chacun d'eux est fini, comme durée, ou leur durée infinie, si chacun d'eux est éternel.

Le bien absolu, B, pour une succession infinie, dans le temps, T, d'un nombre indéfini d'êtres, finis en durée, coexistants dans l'espace, sera donc représenté par le bien individuel d'un nombre indéfini d'êtres, multiplié par le temps infini, soit :

$$b\,NT = B.$$

Dans le cas où N représente un nombre indéfini d'êtres éternels, ce n'est plus le nombre, N, qui est multiplié par le temps infini, T; c'est, pour chacun d'eux, la différence, en plus, *b*, ou en moins, *m*, de leurs jouissances, *ji*, ou de leurs souffrances, *si*; soit :

$$bT \times N = B.$$

On voit que les deux résultats sont égaux.

Du reste, les deux hypothèses peuvent être vraies et sont toutes deux réalisées, l'une par le monde inorganique, l'autre par le monde organique.

Malheureusement, nous ne pouvons connaître *à priori* aucune des quantités partielles (*ji* — *si*), que, dans les deux hypothèses, nous devrions additionner un nombre de fois égal au produit NT, du nombre indéfini par le temps infini, pour trouver la différence $(b' - m') = B$ qui constituerait le bien absolu.

Sauf le cas où $ji = si$, qui ferait $(ji - si)$ NT = 0, toute différence, en plus ou en moins, de (*ji* — *si*), étant multipliée par le produit de l'indéfini du nombre et de l'infini du temps, serait elle-même infinie. De sorte que si on

5.

suppose ($ji < si$), on aurait un résultat négatif, M, soit, un mal absolu infini :

$$M = m\,NT.$$

Nous savons même que les sommes à additionner ($ji - si$) peuvent être négatives et que la somme, m', des quantités négatives, m, pouvant être plus forte que la somme, b', des quantités positives, b, la moyenne individuelle qu'on en pourrait déduire, pourrait être elle-même négative et représenter, non plus la moyenne individuelle du bien absolu, soit :

$$T\left(\frac{b' - m'}{N}\right) = b'',\ \text{supposant } b' > m';$$

mais la moyenne individuelle du mal, soit :

$$T\left(\frac{m' - b'}{N}\right) = m''\ \text{supposant } m' > b'.$$

En ce cas, Schopenhauer aurait raison ; le monde serait mal fait, absurde, absolument mauvais, et tous nos désirs, tous nos efforts devraient tendre à son anéantissement.

Mais peut-il en être ainsi ?

Nous avons vu que si, pour chaque être individuel, $ji = si$, la différence ($ji - si$) $= 0$; c'est-à-dire qu'elle reste nulle ; et, par quelque nombre qu'on la multiplie, elle restera nulle. En ce cas, le bien serait dans le monde en équation absolue avec le mal; car, si $(b' = m')$,

$$(b' - m') = 0.$$

Le bien absolu, B, n'existerait pas plus que le mal absolu, M. Cependant, il résulterait de cette équation, à la fois totale et individuelle, entre le bien et le mal, pour tous comme pour chacun, que notre concept moral du juste serait satisfait et que, par cela même, le monde serait *bien*, sinon absolument bien et aussi parfait que possible.

Mais on peut concevoir un monde pire de plusieurs façons.

C'est d'abord celui où le bien et le mal total étant en équation, $b' = m'$, les parts de chaque être individuel seraient plus ou moins inégales, de sorte que les uns seraient assujettis à la formule $(ji < si)$; tandis que les autres, plus favorisés, jouiraient d'une formule $(ji > si)$.

Les différences entre les deux formules pourraient être assez considérables pour qu'un petit nombre de parts ($ji > si$) pussent équilibrer un grand nombre de parts ($ji < si$), ou réciproquement, de façon à ce que, toute la quantité de bien, b', restût toujours en équation avec la somme du mal m', et que :

$$(b' - m') = 0.$$

En ce cas, non seulement il n'y aurait aucun bien absolu dans le monde, mais notre sentiment humain de l'équité serait blessé de l'inégalité du partage, et nous serions en droit de juger le monde mauvais, sinon absolument mauvais et le pire possible.

Le monde ne peut donc être absolument parfait, puisqu'il y existe du mal. Il ne peut être le meilleur possible, que dans le cas où toutes les différences individuelles ($ji - si$) seraient égales et positives. Et plus ces différences égales seraient grandes, plus le monde serait absolument bon et proche de la perfection.

Or, cet idéal est réalisable et sûrement réalisé si, au lieu d'un nombre indéfini d'êtres finis en durée, multipliés indéfiniment dans l'infini du temps, il coexiste, dans l'infini de l'espace, un nombre indéfini d'êtres coéternels, incréés, pour lesquels, dans la durée infinie, toutes les chances de jouir ou de souffrir de toutes les façons possibles, se compenseront nécessairement dans une résultante positive égale pour tous, bien que formée d'éléments temporaires toujours variables, en plus ou en moins.

Dans cette supposition, quelque petite que soit cette résultante positive individuelle, $b"$, la somme totale du bien absolu sera positive, soit :

$$b" \mathrm{NT} = \mathrm{B}.$$

Et comme elle sera le produit du temps infini, T, et du nombre indéfini des êtres, N, par la quantité finie, égale pour tous, de leur bien moyen individuel, $b"$, la somme totale du bien absolu pourra être considérée, dans la totalité du temps éternel, comme presque égale à la seconde puissance de l'infini. Or, l'égalité de toutes les sommes partielles $(ji > si)$ résultant de l'intervention du temps infini et n'étant atteinte que par cet infini du temps, c'est justement cette intervention d'un facteur infini dans le produit $b"$ NT qui fera B infini ; comme elle nous a permis d'affirmer, *à priori*, une moyenne individuelle de bien et de mal égale pour tous, qu'il nous était impossible de déterminer *à posteriori*.

En réalité, nous avons déterminé cette moyenne en partant de l'hypothèse que le bien, l'emportant sur le mal, plus souvent que le mal sur le bien; dans l'infini du temps, entre un nombre indéfini d'êtres, le partage du bien et du mal se fera également en vertu de la loi des probabilités. On arrive ainsi pour le bien individuel à la valeur moyenne :

$$\frac{b" \, NT}{N} = x \infty.$$

Cette valeur moyenne individuelle, multipliée par le nombre indéfini, donne, pour valeur du bien absolu :

$$\left(\frac{b" \, NT}{N}\right) N = x \infty \, \Omega\,[1].$$

C'est-à-dire qu'en partant de la supposition que, pour chacun, dans le temps infini, la somme

[1] On n'a pas de signe pour distinguer l'indéfini de l'infini, j'adopte l'oméga, Ω, qui me paraît très convenable pour exprimer l'idée de l'indéfini.

du bien l'emporte sur celle du mal, nous trouvons pour la somme absolue du bien individuel une quantité plus qu'infinie, égale au produit de l'infini par une quantité finie, qui ne peut, il est vrai, être réalisée complètement que dans l'infini du temps, c'est-à-dire jamais; mais qui croît sans cesse à mesure de l'écoulement de la durée. Et pour valeur du bien total absolu, nous trouvons le produit d'une quantité finie par l'indéfini, multiplié par l'infini.

Et comme si $ji = si$, nous arrivons, au contraire, par les mêmes raisonnements, à ce que le bien absolu soit nul; que, si l'on suppose $(ji < si)$, on arrive, corrélativement, à concevoir un monde infiniment mauvais, où le mal absolu serait égal à l'infini multiplié par le produit de l'indéfini et d'une quantité finie; nous avons lieu de penser que l'hypothèse $ji > si$ est la plus conforme à l'ordre réel d'un monde sorti du concours des forces spontanées d'êtres qui, par toutes leurs aspirations, tendent à être heureux, sans avoir besoin d'y faire intervenir l'action d'aucune volonté providentielle supérieure.

Cette dernière supposition, qui est la plus

favorable, est-elle la plus conforme à l'observation ?

Notre hypothèse suppose l'existence d'un nombre indéfini d'êtres éternels qui, dans la durée infinie du temps, réaliseraient tous une somme totale de bien ou de jouissance supérieure, de si peu que ce soit, à la somme, également totale, de leurs maux ou de leurs souffrances. Nous verrons que cette hypothèse est réalisée dans l'ordre inorganique.

Mais dans l'ordre organique, au contraire, une quantité indéfinie, c'est-à-dire immense, aussi grande que possible, d'êtres égaux et identiques verraient se multiplier entre eux les causes de rivalité et de mal être. N ne pourrait donc croître au delà d'une certaine proportion sans que, pour chaque unité individuelle, l'expression $(ji - si)$ ne devint négative. Dans tous les cas où N représenterait un nombre donné d'êtres tous identiques, ayant les mêmes besoins, régis par les mêmes lois et une sensibilité s'exerçant sous les mêmes formes, *si* croîtrait, en raison inverse de *ji*, proportionnellement à N. Cette loi résulte des principes de la concur-

FORMULE DU BIEN ABSOLU DANS L'UNIVERS. 89

rence vitale, et cette progression serait d'autant plus rapide que j, s et i seraient eux-mêmes plus grands. De sorte que N ne pourrait être multiplié, sous une seule forme, au delà d'une certaine limite, sans diminuer pour tous les représentants de cette forme vivante, la somme de jouissances de chacun d'eux, en raison justement inverse de leur nombre. Cette progression serait d'autant plus rapide que l'intensité, i, de leur sensibilité au mal, comme au bien, serait plus considérable. Elle ne deviendrait infiniment lente que dans le cas où i serait lui-même un minimum infinitésimal, réduisant également à un produit infiniment petit, tant ji que si; parce qu'entre deux quantités très petites, la différence elle-même ne peut qu'être très petite.

Il faut donc, que N représente, soit un nombre indéfini d'êtres tous semblables, doués seulement d'une sensibilité minima, affectée d'un minimum de besoins supprimant entre eux toutes les rivalités; soit un nombre, également indéfini, d'êtres tous différents, disposés selon un ordre hiérarchique permettant de multiplier les rangs superposés de l'existence. En ce cas, au-dessus d'une première catégorie d'êtres aussi nombreux que possible, mais capables seulement d'une quantité minima de jouissances, les êtres sensibles et conscients plus élevés, s'étageant les uns audessus des autres, se serviraient réciproquement de causes et d'effets, de moyens et de fins, de conditions de vie et de conditions de mort, de source de biens et d'occasions de maux.

La variété, V, des formes de l'existence, devient donc un facteur de sa quantité, multipliant, non seulement le nombre des êtres, mais leurs conditions de bonheur, avec leurs occasions de jouissance. Notre formule du bien devient ainsi :

$$b"V \times NV \times T = B.$$

C'est-à-dire que la somme du bien s'accroît comme la seconde puissance de la variation des formes, soit :

$$b"NTV^2 = B.$$

En effet, avec la variété des formes de l'être peut s'accroître indéfiniment la variété et l'intensité des jouissances des espèces superposées, proportionnellement au nombre même des rangs superposés. De sorte que plus la pyramide organique s'élève, plus l'expression $(b'' - m'')\mathrm{N}$ croît en valeur totale. Car B croît également, comme nombre et comme intensité sensible : c'est-à-dire comme le carré de la variation morphologique. Non seulement la quantité de l'existence, mais encore sa qualité, augmente à mesure que les rangs hiérarchiques des êtres individuels sont plus nombreux, plus divergents, étagés par degrés plus serrés, comprenant une plus grande multiplicité de formes diverses, doués d'instincts plus différents et plus nombreux.

Et si tous ces êtres superposés, suivant la loi hiérarchique des organismes vivants, sont eux-mêmes formés d'êtres élémentaires individuels, gardant le sentiment de leur individualité dans l'organisme collectif hiérarchique, dont ils font partie, et, dans cet état d'aggrégation organique, conservent, en nombre indéfini aussi grand que possible, leur minimum infinitésimal de jouissance, la somme totale du bien absolu est dans le monde aussi grande que possible.

En effet, si nous donnons à V une valeur indéfinie, cette somme serait représentée par cette formule étonnante :

$$b"NTV^2 = x \, \Omega \times \infty^3.$$

Nous verrons que cette formule correspond à l'ordre des choses, ou du moins qu'un tel ordre tend constamment à se réaliser, dans ce qu'on a nommé l'échelle organique, dont le monde, dit inorganique, n'est que l'échelon le plus inférieur, celui qui donne à l'édifice hiérarchique de la vie la base véritablement indéfinie au-dessus duquel il s'élève en pyramide, elle-même infinie.

Le bien moral pour chaque être conscient, en particulier, consisterait donc à coopérer d'intention et de volonté, ou instinctivement, en vertu d'une loi de sa nature, à cet ordre général, à ce bien universel absolu, consistant dans la multiplication indéfinie de l'existence, de ses formes diverses, et de leurs jouissances individuelles, comme variété et intensité, soustraction faite de leur part de souffrance. Au-dessus de la grande collectivité atomique de l'univers, s'étagent ainsi les collectivités secondaires, telles que les mondes planétaires, leurs grandes subdivisions inorganiques ou organiques, puis les espèces, les races, les nations, les familles, les individus, pour lesquels, chacun dans sa sphère d'action, la loi morale reste identique en sa règle fondamentale, en son principe objectif, seul véritable critère de toutes les moralités individuelles et spécifiques. En somme, c'est l'intérêt du plus grand nombre ou la plus grande résultante des intérêts qui fait loi.

Le mal moral, réciproquement, est donc tout ce qui tend à diminuer la somme possible du bien, c'est-à-dire la somme des existences possibles, leur plus grande variété possible et l'intensité, en même temps que la variété, des biens qu'elles peuvent se partager, déduction faite des maux rendus inévitables par le résultante aveugle des forces fatales et par les lois mathématiques qui les gouvernent.

III

Rapports mathématiques du Bien absolu et des éléments premiers du monde.

Quelques esprits timides pourront s'étonner de la hardiesse de cette formule qui donne au bien absolu une valeur supérieure à la troisième puissance de l'infini. D'aucuns mêmes contesteront la légitimité de l'emploi, en mathématique, des puissances successives de l'infini: Fontenelle, dans sa *Géométrie de l'infini* [1] a répondu dès longtemps à cette objection. En effet, si l'emploi du terme d'infini n'est légitime qu'à sa puis-

---

[1] *Mémoire de l'Académie des sciences*, année 1767.

sance simple dans la plupart des cas, et toutes les fois qu'il s'agit d'une quantité ou grandeur simple elle-même, et n'admettant qu'une seule dimension ou une seule modalité; il en est d'autres, au contraire, où la nature des choses implique l'emploi du terme d'infini à ses puissances supérieures.

Aussi, on verra, dans notre ouvrage en préparation sur l'*Unité de la matière, de la force et de l'esprit,* que l'espace, par exemple, étant un infini en volume, ne peut être représenté que par l'infini à la troisième puissance. Soit $=\infty^3$. Le temps, au contraire, étant un infini linéaire à une seule dimention, ne comporte que l'idée de l'infini simple. Soit $=\infty$. Mais le temps pouvant être aussi considéré comme une quatrième dimension de l'espace, la dimension en durée, le produit ET a pour valeur ∞^4.

Telle est, en réalité, la mesure du contenant universel des choses. Par conséquent, la totalité du contenu, comme nombre, volume, force ou durée, pourra avoir une même mesure.

En effet, si l'on adopte, avec nous, l'hypothèse atomique, qui représente la substance active du monde comme composée d'unités inseccables, mécaniquement et comme nombre, bien que mathématiquement divisibles à l'infini, quant à leur étendue mesurable, quelle que soit celle-ci, il faut bien admettre que le nombre de ces unités substantielles est indéfini. Soit $= \Omega$: un nombre ne pouvant être infini. Mais il ne répugne nullement d'admettre que chacune de ces unités est elle-même pourvue d'une force qui, selon la théorie actuelle de la gravitation, étant attractive à toute distance, est nécessairement infinie ; mais qui, selon la théorie nouvelle de la pesanteur, que nous avons déjà exposée ailleurs [1], est, au contraire, à toute distance, infiniment répulsive. La mesure d'une telle force, F, qu'elle soit attractive ou répulsive, serait donc égale, pour chaque unité atomique, à l'infini simple : Soit $= \infty$. Mais le nombre d'atomes, N, pourvus de cette force infinie, étant lui-même indéfini ; la somme totale des forces atomiques dans l'univers aurait pour valeur le produit de l'in-

---

[1] Mémoires manuscrits envoyés à l'Académie en 1873, et communication à l'Association française pour l'avancement des sciences, section de Lyon, 1873.

fini par l'indéfini : soit $\infty \Omega$. Et si l'on accorde que chacune de ces unités substantielles, ou atomes, pourvues d'une force infinie, est éternelle, la formule totale du monde contenu sera le produit NFT; soit, en valeur : $\Omega \infty^2$.

Or, si nous divisons le monde contenant, ET, par le monde contenu, NFT, pour évaluer la quantité d'espace que chacune de ses unités substantielles peut occuper, nous aurons ce rapport :

$$\frac{ET}{FNT} \text{ soit, en valeur : } \frac{\infty^4}{\Omega \infty^2} = \frac{\infty^2}{\Omega}.$$

Ce dernier rapport exprime un quotient qui, multiplié par le diviseur NFT, reproduit le dividende ET. Ce quotient est donc la quantité complémentaire qui manque au contenu du monde pour en égaler le contenant et qui mesure ainsi exactement la quantité de mouvement, M, possible dans l'univers; puisque, si le monde contenu était égal au contenant, de sorte que celui-ci fût absolument plein, en dépit de sa quadruple infinité, tout mouvement y serait impossible. Nous arrivons ainsi à conclure à cette égalité entre le monde contenant et son contenu, et à dire que :

$$ET = NFTM.$$

M est donc bien la quantité indéfinie, $\dfrac{\infty^2}{\infty}$, plus grande que l'infini simple, par laquelle le produit NFT doit être multiplié pour égaler le produit ET, qui en valeur $= \infty^4$. La totalité des éléments du monde, contenant et contenu, peut donc être représentée par cette expression :

$$(ET) + (NFTM) = 2\infty^4.$$

On ne peut plus s'étonner après cela que dans ce monde, contenant et contenu, il y ait place pour le bien, à la troisième puissance de l'infini; surtout si l'on considère que le bien n'est point, comme l'espace, le temps, la force, une quantité simple; mais, au contraire, comme le mouvement, une quantité très complexe, susceptible d'une multitude de modalités diverses coexistantes, réalisées concurremment, sous diverses formes, chez des êtres multiples et divers.

Dans un monde aussi parfait que possible, le

bien devrait être infini, tant en variété, V, qu'en intensité, 1, pour chacune des unités sensibles coexistantes, et devrait être coéternel à chacune d'elles. Nous arrivons donc à lui donner pour expression le produit :

NIVT; soit, en valeur : $\Omega \infty^3$,

ce qui est justement la valeur à laquelle nous sommes déjà arrivés par une autre voie. Enfin si, excluant de cette expression l'élément du temps, nous prenons seulement le produit NIV, qui, en valeur $= \Omega \infty^2$, nous voyons qu'il est justement égal à celui du monde contenu, NFT, en valeur : $\Omega \infty^2$.

Par conséquent, si la somme totale du bien actuel, l'élément du temps infini étant éliminé, égale la somme totale des éléments du monde contenu; comme, d'un autre côté, nous avons vu que le rapport de ce monde contenu au monde contenant constitue un rapport justement égal à la quantité de mouvement possible dans le monde; nous sommes autorisés à croire que cette quantité de mouvement, complémentaire du monde contenu, est égale à la somme totale du mal, complémentaire de celle du bien. De sorte que :

$$\text{NFT} = \text{NIV} \text{ comme } \frac{\text{ET}}{\text{NFT}} = \frac{\text{ET}}{\text{NIV}}$$

Et comme, en effet, tout mouvement dans un monde formé, en totalité, d'êtres conscients et sensibles ne peut se produire qu'en vertu d'un déterminisme motivé par le sentiment d'un mal et le besoin d'un changement, l'égalité de la somme du mal et de la quantité de mouvement possible nous serait expliquée, par ce fait que tout mouvement aurait pour cause initiale une souffrance.

Ces rapports sont **trop remarquables** pour ne pas être la révélation **des lois réelles**, régissant les grands phénomènes généraux de l'univers, et doivent nous encourager à poursuivre l'étude des conséquences dont ils sont les principes.

IV

Le Bien existe-t-il pour le monde inorganique [1] ?

Nous avons vu que le bien n'existe, comme le mal, qu'à la condition d'être senti ; qu'étant rapport entre un sujet conscient et une sensation perçue, la suppression du sujet entraîne la suppression de ce rapport. Peut-il donc y avoir un bien et un mal pour le monde inorganique ?

Évidemment non, si, comme on l'a supposé

---

[1] Les développements de l'hypothèse posée dans ce chapitre et les suivants, seront publiés dans notre prochain ouvrage sur l'*Unité de la matière, de la force et de l'esprit*.

jusqu'ici et admis, mais seulement en vertu d'hypothèses induites de faits négatifs, le monde inorganique est formé d'éléments dépourvus de toute conscience, et si la matière, *en soi*, est en réalité antithétique à l'esprit, seul existant *pour soi*.

Mais rien ne prouve la réalité de cette conception dualiste de l'existence, que notre ignorance préjuge et que notre vanité spécifique accepte et caresse, parce qu'elle en est flattée. L'inertie physique de la matière est une hypothèse définitivement abandonnée par la science. Ce qu'on appelle la loi d'inertie est un concept théorique abstrait qui la sépare seulement des forces qui lui sont inhérentes, pour nous permettre de calculer celles-ci. Quand à l'hypothèse de son inertie morale, de son incapacité intellectuelle, elle ne repose théoriquement que sur les sophismes verbaux des philosophes ergoteurs de l'école scolastique et, expérimentalement, sur la confusion que nous faisons entre les propriétés des masses, ou corps, seules observables, et celles de leurs éléments, qui échappent à notre observation.

Si le mouvement autonome externe, ou le changement spontané de lieu relatif entre les masses visibles est une preuve sensible et évidente de l'existence d'une volonté consciente, l'absence apparente de ce mouvement n'est qu'une preuve toute négative de l'absence de cette conscience et de cette volonté ; c'est une preuve qui ne prouve pas.

Lors même que le mouvement spontané ne se produirait pas entre les masses matérielles, l'analogie du déterminisme dynamique de la volonté nous conduirait seulement à cette conclusion que, dans les masses matérielles, il n'existe pas de mobile de mouvement spontané. Or, il est patent, au contraire, que dès qu'elles y sont physiquement sollicitées, les masses matérielles se meuvent, puisque les corps tombent, que des corps électrisés se fuient et se recherchent. Qu'ils soient attirés ou repoussés, les forces, soit répulsives, soit attractives, qui les meuvent n'agissent point autrement que les mobiles qui déterminent la volonté et la sollicitent à agir. Dans un cas comme dans l'autre, la sollicitation au mouvement est extérieure ;

c'est elle qui en détermine le sens et la vitesse. L'action de se mouvoir est la réaction interne, toute spontanée, mais fatale de cette excitation.

Si l'humanité enfant a commis une erreur en accordant une âme consciente et volontaire, avec des motifs déterminants passionnels, analogues aux nôtres, à tous les êtres qui lui paraissaient doués de mouvements spontanés, d'activités ou de forces, au contact ou à distance; tels que les astres, les vents, les nuages, les flammes, les plantes, les animaux, les pierres elles-mêmes; nous tombons dans une erreur semblable, bien que de sens contraire, en refusant la conscience à tout ce qui nous paraît étranger aux lois de la vie organique, ou **même de la vie animale** : c'est-à-dire à tout ce qui ne nous semble pas doué d'une conscience totale de masse, individualisée et vivante, se traduisant par des actes autonomes de cette masse, intérieurement déterminés par des mobiles passionnels.

Longtemps, même, on **a refusé aux animaux** une personnalité consciente analogue à la nôtre. Il faut bien la leur reconnaître aujourd'hui, que l'identité de leur organisation nerveuse et cérébrale avec la nôtre est établie par toute l'anatomie et toute la physiologie.

Mais le règne animal descend par des degrés si serrés jusqu'aux formes infimes qui confinent aux derniers rangs inférieurs du règne végétal; et ce dernier remonte ensuite, par des gradations si insensibles, à travers toutes les séries des organismes végétaux, jusqu'aux formes, en apparence, les plus éloignées de l'animalité, que nous ne trouvons plus nulle part la frontière de ces deux règnes, autrefois considérés comme si nettement séparés. Nulle part nous ne trouvons l'hiatus au delà duquel il n'y aurait plus d'âme, en deçà duquel seulement il y aurait encore de la pensée, de la conscience.

De même, les dernières ébauches de la vie organique, soit végétale, soit animale, nous révèlent des lois si analogues à celles qui régissent le monde inorganique; les phénomènes purement physico-chimiques se confondent tellement, aujourd'hui, avec les phénomènes biologiques les plus généraux, que nous ne voyons plus nettement la barrière qui les sépare. Nous sommes entraînés à confesser l'unité probable, sinon démontrée, de l'ensemble de l'univers, des astres aux hommes, et de la force aveugle, appelée si longtemps matière, aux plus merveilleuses puissances de la volonté et de l'intelligence, jusqu'ici attribuées exclusivement à ce qu'on a nommé l'esprit.

C'est seulement quand nous aurons reconnu le grand fait de l'unité de l'univers et de l'identité fondamentale de tous ses éléments substantiels, que nous pourrons atteindre à la formule totale du bien universel. Car, seulement dans le cas où tous les êtres sont capables, à un degré quelconque, quelque faible et infinitésimal qu'il soit, de sensation consciente et de volonté reflexe, tous peuvent être dans la même mesure susceptible du sentiment égoïste de leur bien particulier, dont la somme résultante totale est le bien universel, ou bien moral, qui, dans sa formule la plus large, est accessible seulement à l'intelligence de l'homme et des autres êtres, de rang égal ou supérieur, que l'univers renferme dans ses divers mondes.

Tel serait donc enfin le vrai souverain bien, le bien absolu dans l'ordre de l'univers, réalisant la plus grande somme possible d'existence sensible et consciente, avec la plus grande somme possible de jouissance perçue, pour chaque être des divers degrés hiérarchiques. Un tel idéal serait atteint par la plus grande variété et la plus grande inégalité possibles dans la forme, les facultés et l'équilibre passionnel des espèces et de leurs représentants individuels.

Le bien, plus ou moins général, de chaque collectivité spécifique, comme le bien propre de chaque individu, ne seraient que les composantes, toujours limitées, relatives et contradictoires entre elles, de cette somme totale de bien universel.

Et au-dessous de toutes les individualités collectives, au-dessus de toutes les collectivités spécifiques, la masse immense, infinie, éternelle, immuable des éléments atomiques réaliserait l'infiniment grand de l'existence, comme nombre et quantité, en même temps que l'infiniment petit, comme qualité et intensité, de façon à compléter, avec l'infini de la variété, la plus grande totalité possible d'existence consciente et sentie et la plus grande somme de bien possible.

L'erreur des philosophes, en éthique comme en téléologie, a donc été, jusqu'ici, de séparer le bien de l'espèce humaine du bien général du monde, de considérer l'homme comme le but unique et la fin suprême de l'univers, et de croire que toute la série organique, dont il occupe le sommet sur la terre, pouvait et devait être impunément sacrifiée en totalité, à son égoïsme spécifique. Une philosophie plus large doit, au contraire, tenir compte de tous les éléments de la création; faire à chaque être sa place dans une juste mesure; reconnaître que l'homme n'a dans l'échelle des organismes vivants qu'une valeur relative; que, s'il a des droits au bonheur, il n'est pas seul à en avoir, et qu'il doit garder dans ses ambitions de jouissance une limite, proportionnelle à l'intensité même de ses facultés, qu'il ne peut dépasser sans en être aussitôt puni par un accroissement de souffrance et de mal être.

V

Pour penser, il faut sentir et se sentir être.

En vertu de quelles prémisses refusons-nous la conscience et un minimum de sensation, de pensée et de volonté réflexe au monde inorganique, à ce qu'on est convenu d'appeler la matière inerte? C'est qu'il semble évident qu'on ne peut vouloir sans penser, penser sans sentir, et qu'on a posé en axiome qu'on ne peut sentir sans organes des sens et sans système nerveux.

Ce sont seulement ces prémisses qu'il faut discuter, pour arriver à démontrer que la conclusion qu'on veut tirer des faits la dépasse.

Nous ne nous arrêterons pas à réfuter les sophismes philosophiques sur la divisibilité mathématique infinie de la matière étendue, confondue avec la sécabilité mécanique de ses éléments, et sur l'impossibilité supposée où un être étendu et mathématiquement divisible serait de penser. Toute cette argumentation, qui porte à faux sur une équivoque dans les termes, est la grande erreur de Descartes et de tous les dualistes. *Le fait patent, c'est que nous sommes étendus et divisibles et que nous pensons;* c'est que la substance nerveuse, distribuée en fibres et cellules chez les êtres vivants doués de pensée, représente une certaine quantité de matière étendue, impénétrable, même pesante et douée enfin de toutes les propriétés matérielles. Les conditions de la pensée, pour les philosophes dualistes, sont donc absolument contradictoires à ces mêmes conditions pour les physiologistes; et il se peut bien qu'ils se trompent en quelque chose les uns et les autres.

On ne peut vouloir sans penser et penser sans sentir. Cette affirmation est vraie et d'accord avec le mécanisme logique de la pensée. Pour penser, il faut non seulement être, mais se sentir être soi, et sentir d'autres existences hors de soi. Il faut qu'un moi se pose en face d'un non-moi, sous les lois nécessaires de l'espace et du temps, c'est-à-dire dans un moment donné de la durée et en un lieu déterminé de l'étendue.

Les conditions de la pensée sont donc identiques aux conditions de l'être. Kant l'a si bien compris, que lorsqu'il a voulu tenter l'impossible conciliation de l'existence de Dieu et de celle du monde, du transcendental et de l'expérimental, il a dû supprimer l'expérimental au profit du transcendental, en niant l'objectivité des rapports de temps et d'espace, sans paraître se douter qu'il niait, par là même, l'objectivité et la réalité du monde moral, avec celle du monde physique. Mais ses successeurs n'ont pas manqué de tirer cette conséquence dernière de sa doctrine, déjà en germe chez Descartes et chez Spinoza, comme chez Berkeley. De là les rêves philosophiques de Fichte et de Hegel, condamnés à aboutir logiquement au nihilisme de Schopenhauer.

La conscience de l'être, comme fait, implique sa négation, l'inconscience, comme possibilité logique, mais non comme réalité objective. De ce qu'il y a des êtres conscients, il n'en résulte pas qu'il doive exister des êtres dépourvus de toute conscience. La possibilité logique d'un mode inconscient de l'existence n'entraîne pas sa réalité ; pas plus que la notion dans l'esprit d'un être parfait possible n'implique l'existence d'un tel être. Sous ce rapport, la preuve de l'existence de Dieu, dite de saint Anselme, est un sophisme qui tourne en cercle vicieux. Car on pourrait dire aussi que la notion dans l'esprit d'un être infiniment mauvais implique sa réalité. En tous cas, cette preuve même serait à notre avantage; car si nous avons l'idée d'un monde parfait possible et que la notion d'un monde parfait implique la plus grande quantité possible d'existence consciente, il faut bien admettre pour tous les êtres existants la conscience de cette existence, sans laquelle le monde serait imparfait, n'étant plus aussi parfait que possible. Nous aurions donc le droit de conclure, par cette argumentation à la Descartes, qu'un monde parfait existant nécessairement, par la seule notion que nous en avons, tous les êtres existants en ce monde y doivent avoir la conscience de leur existence, impliquant une certaine faculté de se sentir existants, de penser qu'ils existent et de juger bonne cette existence.

Mais, nous le reconnaissons, cette démonstration ne prouve pas. C'est une pétition de principe. Pourtant nous avons encore moins la possibilité de démontrer la thèse contraire, et nous manquons absolument d'arguments *a priori* contre l'hypothèse, admise par Locke, que ce qu'on appelle la matière puisse penser. Enfin, de ce que la conscience de l'existence est bonne, ou du moins nous semble telle, nous sommes en droit de conclure que, plus cette conscience de l'être est répandue dans le monde, plus le monde est parfait et s'approche de cet idéal que nous nommons le souverain bien. Dans ces limites, ce n'est pas une preuve affirmative, ce n'est pas une démonstration rigoureuse de notre hypothèse, c'est un argument en faveur de sa probabilité.

Se sentir être : voilà donc la sensation première, la sensation rudimentaire, principe et condition de toutes les autres. Sentir d'autres êtres existants, sentir qu'ils existent sous la loi du temps et de l'espace : voilà le commencement de toute conscience et la première condition de son unité ; ce qui permet au moi psychique de se distinguer de ce qui n'est pas lui.

Jusque-là, tout est passif pour l'esprit (Νοῦς ou Ψυχή) : c'est-à-dire pour l'individu, le moi psychique conscient qui perçoit la sensation avec une complète indifférence impropre à déterminer une volition, un acte réflexe quelconque, et qui, sans un sentiment de peine et de plaisir, n'a aucun motif de vouloir et d'agir.

Donc, si la matière n'avait que cette sensation première, que cette conscience indifférente du *moi* et du *non moi*, elle pourrait rester passivement inerte sous l'action des forces extérieures, et rien ne nous révèlerait son existence psychique par aucun mouvement spontané. Et que faut-il pour déterminer cette aperception primitive? Le simple contact, la sensation de la limite réciproque du sujet et de l'objet, de leur action et réaction mutuelle et égale.

Or quelle est, en somme, la condition et la

nature de toute sensation? C'est ce contact, c'est cette limitation réciproque qui en résulte. C'est l'opposition dynamique des forces du moi et du non-moi qui, par leur résultante, produisent soit l'équilibre, soit le mouvement.

L'être ne devient conscient que s'il rencontre d'autres êtres qui le modifient en le limitant. C'est par l'aperception d'un non-moi que le moi se saisit, s'aperçoit lui-même, devient conscience, c'est-à-dire réflexion sur soi-même et connaissance de soi. Un être unique resterait inconscient de lui-même et perpétuellement indifférent dans sa solitude éternelle. C'est au contact de ce qui n'est pas lui qu'il se différencie du monde.

Les philosophes, même les chimistes, qui ont pu concevoir un univers formé d'êtres flottants dans un vide absolu et sans contacts possibles, leur ont refusé par là les conditions premières de l'entendement. Et lorsqu'ils ont refusé l'étendue à la substance pensante, ils lui ont dénié les conditions de toute pensée, en la rendant incapable de sensation; puisqu'une sensation est nécessairement un contact, et qu'entre des êtres sans étendue il n'y a pas de contact possible.

De même que, si les éléments matériels ne se touchaient pas, ils ne pourraient ni se mouvoir, ni être mus ; de même, si les êtres intellectuels ne pouvaient se rencontrer, se heurter, au moyen de surfaces matérielles impénétrables, ils ne s'apercevraient jamais les uns les autres. Ils ne se sentiraient pas existants réciproquement ; et, ne pouvant se sentir les uns les autres, ils ne se sentiraient pas eux-mêmes. Ils n'auraient ainsi aucune occasion, ni interne ni externe, de vouloir et d'agir.

Pour se connaître eux-mêmes, les êtres conscients devront donc avoir, dans leurs organes matériels, étendus et impénétrables, des moyens de s'apercevoir, de s'analyser, de se reconnaître ; sans quoi, ils resteraient insensibles, inconscients, inertes, indifférents à eux-mêmes, comme à autrui, et sans aucun motif d'action, n'ayant aucune occasion de jugement.

Mais s'il est établi que la pensée et la conscience ne peuvent exister sans le concours d'une matière étendue et impénétrable, il cesse de répugner que toute matière impénétrable et étendue puisse penser; il devient probable, au contraire, que chacun de ses éléments est individuellement capable d'un minimum de conscience et de pensée qui, dans la collectivité organique, se manifeste par des volitions autonomes externes d'un ordre seulement plus élevé.

V

Conditions de la sensation dans l'être inorganique.

Qu'on se représente l'élément atomique matériel comme un centre de force répulsive indéfiniment expansible en tous sens; dans son rayonnement expansif il rencontrera d'autres éléments semblables qui lui limiteront l'espace et lui donneront une forme polyédrique quelconque, pouvant toujours s'inscrire dans une sphère d'un rayon également quelconque. Les plans limites de mutuelles intersections de ces polyèdres en contact réciproque, toujours mobiles et vibrants, seront à la fois le lieu et l'organe de la sensation élémentaire: c'est-à-dire que des deux côtés de ces plans de contact réciproque, les forces répulsives opposées, revenant sur leur centre d'émission, par une loi de réflexion toute physique, rapporteront à ce centre l'ébranlement sensoriel qu'elles auront reçu. Cet ébranlement deviendra ainsi l'origine de la sensation qui, reçue à la périphérie, sera sentie et perçue seulement au centre même.

Un nombre indéfini d'éléments semblables, se limitant les uns les autres dans l'espace infini, se le partageront entre eux. Chaque plan de mutuel contact sera le siège, pour les deux êtres en présence qu'il limite, de deux sensations réciproques, dont l'intensité sera directement proportionnelle à la force répulsive des deux centres et en raison inverse de leur distance; mais dont la qualité sera déterminée par la grandeur relative de leurs plans de contact et par les rythmes vibratoires résultant des mouvements relatifs ou alternatifs des deux éléments atomiques eux mêmes.

Qu'en effet un de ces êtres élémentaires se meuve ou soit mu, tous les autres, de proche en proche, seront affectés par son mouvement, indéfiniment répercuté en ondes centrifuges. Et si ce mouvement est périodique ou ondulatoire, tous seront affectés de vibrations rythmiques correspondantes, contre lesquelles chacun d'eux réagira spontanément et dont l'intensité ira s'affaiblissant suivant la loi des forces rayonnantes ; c'est-à-dire comme le carré des distances au centre d'ébranlement, si la communication du mouvement se fait librement, en tous sens.

De tels êtres, supposés conscients, possèderont donc, en vertu d'une aperception perpétuelle et d'une sensation directe, permanente, toujours actuelle, la notion précise et définie de l'espace qu'ils occupent, avec la notion indéterminée de celui qu'ils n'occupent pas. Eternellement mus dans cet espace sans limite, ils feront empiriquement, dans la durée infinie, l'expérience de son infinité. Perpétuellement emportés, par des mouvements toujours variables en intensité ou direction, dans l'éternelle étendue, ils auront la notion de l'éternité du temps. Leurs modifications successives leur en mesureront les parties relatives, dont la grandeur absolue leur échappera toujours, faute d'une mesure fixe ; tandis que la mesure des parties de l'espace qu'ils occupent successivement leur sera donnée relativement à leur propre grandeur, elle-même variable avec les pressions qu'ils supportent.

De ces sensations primordiales découlent donc, par une sorte de nécessité, les conditions premières de l'entendement et l'ensemble de ces notions fondamentales, qui ont donné lieu à tant de disputes, et qui nous sont innées, avec leurs contradictions, leurs antinomies apparentes ; parce qu'elles sont pour tous nos éléments, physiques et psychiques à la fois, l'objet d'une perpétuelle sensation et d'une expérience éternelle et universelle.

Pour de tels êtres, dans leur simplicité individuelle, le bien est l'équilibre, le repos, l'égalité en tout sens des pressions subies, l'opposition symétrique de leurs plans de contact avec tous les autres êtres, simples ou complexes, qui les entourent et les limitent. Dès que cet équilibre se trouve altéré, détruit par des êtres voisins en mouvement, chacun d'eux réagit contre tous les autres, par une volition réflexe, pour le rétablir. Se mettant ainsi spontanément en mouvement, par suite d'une impulsion externe, toute physique, il continue de se mouvoir, tant que, cet équilibre cherché n'étant pas rétabli, il éprouve une gêne, *un mal*.

On voit ainsi comment une volition réflexe interne, déterminée par une sollicitation externe, peut donner raison de tous les faits apparents qui constituent la loi d'inertie.

Le mal, dans ces limites, le mal rudimentaire, c'est-à-dire la gêne éprouvée par l'élément atomique déséquilibré, au milieu des autres êtres élémentaires, serait donc le premier moteur physique du monde. Sans le mal, à son minimum, pas de mouvement, pas de changement, pas d'action; puisque sans un mal à fuir, un bien à chercher, il n'y aurait pas de volition possible, réflexe ou réfléchie. Le mal et le bien physique de l'être atomique élémentaire constituent ainsi la puissance et la résistance du grand levier qui meut la machine de l'univers.

Un certain nombre de ces êtres, aggrégés en molécules suivant certaines lois, peuvent former une première unité complexe, hiérarchique, ayant, avec une commune fortune, une commune conscience. Leurs vibrations sont à l'unisson, leurs réactions de même sens, leurs mouvements de même vitesse et de même rythme. De cette simultanéité des mêmes sensations peut résulter une sorte de communauté de conscience.

Plusieurs molécules, diversement aggrégées, forment une collectivité consciente encore supérieure; elles constituent une hiérarchie plus forte, plus capable de résister aux causes de destruction et de déformation qui peuvent agir sur elle, de réagir avec une plus grande énergie, par l'union de ses forces répulsives élémentaires, et de défendre ainsi un plus grand espace contre l'envahissement expansif des autres êtres rivaux.

Enfin, des molécules aggrégées suivant un mode plus compliqué, plus savant, forment un premier centre de vie : la cellule organique élémentaire, avec son noyau et son nucléole; c'est-à-dire un centre conscient de sensations collectives, de volitions et de mouvements autonomes, déjà déterminés par des motifs passionnels élémentaires.

Ce degré inférieur du déterminisme psychique, et non plus seulement physique, est le premier degré de ce que nous appelons *la liberté*. Elle croît, à chaque nouvel échelon de complication organique, avec la diversité des besoins, des intérêts, des passions spécifiques héréditaires, fournissant à la volonté des motifs déterminants plus nombreux, plus ou moins différents, parfois contraires, s'excluant les uns les autres, et entre lesquels les plus forts l'emportent; de façon à produire une seule volition résultante, plus ou moins réflexe, de l'animal le plus élémentaire jusqu'à l'homme et au-dessus.

Dans cette série, qui va de l'atome physique au génie capable d'embrasser le monde par un effort de son entendement, la continuité est absolue, sans lacunes. A tous degrés, elle apparaît régie par des lois identiques, gouvernant des éléments tous semblables par leur nature, qui ne diffèrent que par leur état physique et leur subordination hiérarchique plus ou moins complexe, par la multiplicité et la localisation de leurs organes, par l'intensité de leur sensibilité, l'activité de leur jugement, l'intelligente adaptation de leurs actes au but choisi par leur volonté.

Si l'on supprime le premier terme de cette échelle des êtres, si l'on se refuse à admettre la nature essentiellement psychique de ce qu'on a nommé la matière, tout s'écroule, tout redevient mystère et contradiction. Rien n'a plus de sens. En métaphysique on retombe dans le dualisme; en éthique, le problème du bien et du mal est sans solution; comme, en psychologie, celui de la volonté, de la pensée, de la sensibilité. Le monde intellectuel redevient inexplicable, comme le monde moral et le monde physique lui-même.

Mais comme à une idée nouvelle il faut un mot nouveau, nous substituerons à celui de *matière*, qui correspond, dans l'usage et l'abus qui s'en fait, à des notions souvent inexactes, celui de *substance*, plus propre à désigner l'étoffe universelle des choses. C'est l'X, jusqu'ici méconnu, en quoi elles sont faites et le *noumène* dans lequel et par lequel se réalisent aussi bien les phénomènes psychiques que les phénomènes physiques. Nous réserverons exclusivement le mot *matière* pour désigner la substance pesante; la pesanteur étant la seule propriété caractéristique, observable pour nous, qui distingue l'état matériel de la substance universelle, des états éthérés, sous lesquels elle ne pèse pas; bien que dans tous les états elle reste étendue, impénétrable et constituée d'unités atomiques, simples, inseccables et physiquement actives.

VI

Toutes nos sensations sont tactiles.

Toutes nos sensations physiques ont pour cause, unique et commune, les vibrations répétées, d'après des rythmes variables à l'infini, des éléments atomiques en contact avec nos organes, qui participent eux-mêmes à ces vibrations en les répercutant. A ce point de vue, il est parfaitement exact de soutenir que tous nos sens ne sont que des modifications du toucher; que toutes nos sensations proviennent de la substance en mouvement. Par la vue, nous sentons les vibrations lumineuses. Par l'ouïe, nous saisissons les vibrations sonores moins rapides.

Il est, d'ores et déjà, évident que nos sensations olfactives et gustatives sont également le produit des mouvements des particules des corps, mises en branle par leurs affinités et leurs réactions réciproques, non moins spontanées que les mouvements réflexes des organismes animaux.

Ces mouvements vibratoires ou ces déplacements de masse, également spontanés, des éléments moléculaires des corps dits inertes, sont reçus par certains organes spéciaux, qui leur sont adaptés, de manière à les transformer de diverses manières, et à les différencier pour notre aperception intime. Ils sont transmis, ainsi modifiés, par nos nerfs sensitifs, à certaines cellules de notre cerveau dont ils excitent l'activité, de façon à mettre immédiatement en jeu d'autres cellules, où paraît s'élaborer plus spécialement la pensée et qui, à leur tour, réagissent, par des volitions réfléchies ou simplement réflexes, sur les nerfs du mouvement.

Tout cela est matière, ou plutôt, substance physique, mue ou motrice. C'est de la substance étendue, divisible et, tout au moins partiellement, pesante; mais c'est aussi de la substance qui sent, qui pense, qui raisonne et qui veut. C'est une matière qui participe aux modalités de l'esprit et qui, par ses réactions internes, est intelligence. Si ce n'est pas toute notre substance organique qui participe à cette série d'actes intellectuels et de fonctions psychiques de nos centres moteurs, c'est au moins une partie de cette substance, dans un état spécial qui rend possible son activité collective, sensible, intellectuelle et volontaire.

VII

Nature hiérarchique de la conscience organique.

Tous nos mouvements, tous nos actes ne sont pas délibérés et voulus par le cerveau. Toutes nos sensations ne lui sont pas transmises, n'y deviennent pas pensées et volitions. Pour qu'elles lui arrivent, et qu'elles en repartent, elles mettent à vaincre des résistances physiques un temps très appréciable. La vitesse de l'influx nerveux est, on le sait, bien moindre que celle de la lumière, que celle de l'électricité; elle est même moindre que celle du son, car elle est à peine de quelques mètres à la seconde.

Certains de nos ébranlements sensoriels sont reçus par des centres nerveux secondaires qu'ils ne dépassent pas, et dans lesquels ils sont sans doute sentis, pensés, jugés, sans que notre cerveau en prenne connaissance par l'attention ; sans qu'il en soit plus averti que de ce qui se passe dans le cerveau d'une autre personne. C'est que notre cerveau est un ministre qui décide les grandes affaires générales et qui se repose des autres sur ses bureaux. C'est un conseil de guerre où l'on ne s'enquiert pas de ce que pensent les soldats. C'est un salon où l'on cause, sans s'inquiéter, de ce qui se passe dans les antichambres, les escaliers ou les cuisines de la maison, où pourtant l'on ne bavarde pas moins.

Remarquons ici que ces centres nerveux secondaires perçoivent les sensations, qu'ils reçoivent seuls, avec une logique plus rapide et plus inflexible que notre cerveau lui-même ; parce qu'ils n'ont pas à peser un si grand nombre de motifs déterminants, variables en quantité, qualité et intensité, selon l'équilibre passionnel ou intellectuel momentané. Les volitions qui en émanent, donnent aux mouvements réflexes qu'ils déterminent, une sûreté, une instantanéité que n'atteignent jamais les mouvements réfléchis et voulus par le cerveau. Ce sont autant d'organes adaptés à une seule sorte d'actes qui n'admettent jamais de doute, quant au sens de l'action. C'est ainsi qu'un changement quelconque dans les statuts ou les règlements d'une grande compagnie de chemins de fer ou dans l'administration des postes demande un temps considérable à élaborer et à effectuer; tandis que, dans chaque station ou chaque bureau local, le service des voyageurs, celui des colis ou des lettres, s'accomplit avec une rapidité et une régularité automatique, partout où ce service est suffisamment bien organisé. De même, une fois nos organes locaux adaptés à leur fonction psychique spéciale, ils l'accomplissent d'euxmêmes à l'insu de l'organe central. Celui-ci n'intervient que lorsque la fonction dont ils sont chargés, étant mal remplie, il les rappelle au devoir par des ordres renouvelés, ou par des excitations physiques, et cherche à suppléer par d'autres organes à l'impuissance de ceux qui, par une cause ou une autre, ne semblent plus suffisamment adaptés à leur rôle.

Qu'en lisant on sente ses yeux se fatiguer, instinctivement on y porte la main pour exciter ou reposer leur activité ; si la fatigue persiste, on cesse un moment sa lecture ; et, si elle dure plusieurs jours, plusieurs semaines, on prend des lunettes, on choisit des livres imprimés en plus gros caractères, ou on s'éclaire d'une lumière plus vive. Mais tant que la vue accomplit sa fonction, on la laisse fonctionner avec une complète inconscience. Il en est de même de la main qui se fatigue à écrire, de l'ouïe qui se fatigue à écouter; il en est ainsi des fonctions purement vitales, telles que la respiration ou la circulation. Ainsi, on respire spontanément, avec une complète inconscience du jeu des muscles qui font marcher le soufflet vital; mais, dès qu'on sent de l'oppression, on s'applique à respirer volontairement. De même, le cœur et les artères battent sans qu'on y porte attention ; mais leur mouvement tend-il à se précipiter ou à se ralentir, aussitôt, avertis par un malaise, nous nous arrêtons, si nous sommes en mouvement, ou nous nous mettons en mouvement, si nous sommes au repos, pour rétablir, autant que nous le pouvons, par des réactions volontaires de l'organe central, le désordre qui s'est produit dans une de nos fonctions organiques, d'ordinaire absolument inconsciente et spontanée.

Nous n'avons donc pas une seule conscience, nous en avons plusieurs qui, le plus souvent, et parfois toujours, s'ignorent entre elles; mais que, par exception, notre volonté peut quelquefois relier, plus ou moins médiatement, à notre conscience centrale pour les lui subordonner. Nous ne sommes pas un seul être sensible, pensant, volontaire, mais une hiérarchie d'êtres où l'action centrale domine, sans les absorber, les actions locales subordonnées, et ordonne avec la certitude d'être toujours obéie. Nous sommes une armée d'âmes, où le général commande à ses soldats sans les connaître, et peut perdre la victoire par leur lâcheté ou leur faiblesse; où les soldats peuvent ignorer le général, tout en obéissant à ses ordres, transmis par ses lieutenants, et parfois gagner la bataille, en dépit des fausses manœuvres qu'il a commandées. L'être organisé, enfin, est un État où le pouvoir politique et législatif, qui gouverne dans la capitale, laisse une certaine latitude administrative à ses préfets et à ses maires ; et où on continue de labourer, moissonner, produire, échanger, en dépit des révolutions qui agitent le gouvernement.

L'être organisé est un État fédératif, une hiérarchie à plusieurs degrés ; car, au-dessous de ses centres nerveux secondaires, chaque province organique a ses divisions et subdivisions douées d'une vie indépendante. Chaque organe a sa sphère d'activité propre. Il se détruit ou se répare, non seulement par les énergies ou les maladies de l'être central, mais aussi par ses propres énergies ou ses conditions pathologiques spéciales. Il peut y avoir contagion morbide entre ces provinces organiques ; mais cette contagion, cette réaction mutuelles n'existent pas nécessairement. Enfin, dans l'organe, chaque tissu ; dans chaque tissu, chaque élément cellulaire, chaque fibre, chaque vacuole, avec leurs molécules entraînées dans la giration du liquide protoplasmique ; dans le squelette, chaque élément osseux a sa vie propre, comme chacun de nos cheveux, chacune de nos dents.

Comment admettre que chacun de ces éléments vitaux, chacun de ces individus, aggrégés en société hiérarchique, n'ait pas une part de sensation, de pensée, de réaction volontaire, au moins égale à celle que l'on constate chez les polypes radiaires ou chez les animalécules protoplasmiques des spongiaires ? En quoi la matière de nos nerfs diffère-t-elle de celle des autres tissus, pour être seule capable de sensation ? La chimie ne constate dans la substance nerveuse aucun élément spécial, aucune forme moléculaire qui lui soit propre. La physique n'y surprend que les mêmes forces qui animent tout l'univers, et n'y voit, comme partout, que de la matière en mouvement. La constitution fibreuse de nos nerfs semble seulement adaptée à en faire des organes de conduction entre les centres récepteurs des activités qui les excitent. Mais que ces centres soient directement ébranlés, et l'utilité des fibres conductrices disparaît ; comme dans un télégraphe dont les appareils avertisseurs et récepteurs seraient en contact avec les deux pôles de la pile elle-même, sans l'intermédiaire de fils.

Si les animaux supérieurs, doués d'un système nerveux analogue à celui de l'homme, sont ceux qui nous paraissent doués au plus haut degré de facultés intellectuelles et morales analogues aux nôtres ; s'ils ont les mêmes passions, manifestées par les mêmes actes, avec des besoins et des instincts analogues ; il n'en résulte pas que la production de la pensée soit absolument attachée à cette forme de notre mécanisme nerveux et ne puisse résulter également d'autres mécanismes différents. De ce que certaines piles voltaïques donnent des courants, cela n'empêche pas d'autres piles, autrement construites, avec des matériaux très divers, de fonctionner avec la même énergie, et, sous la même loi générale, d'avoir des effets égaux ou analogues. De même, mille combinaisons diverses de leviers pourraient produire la même somme du même travail ou d'un travail différent adapté à un autre but.

En réalité, le type articulé nous présente une organisation nerveuse très différente ; cependant, rien ne semble plus analogue, sinon plus identique, que les passions, les volitions des vertébrés et celles des insectes et des crustacés. Les mouvements d'un crabe irrité, ceux d'une araignée dérangée dans son travail, sont empreints d'une colère qui ne trouve son égale que chez nos carnassiers les plus irascibles. Aucun vertébré ne paraît s'approcher autant de l'homme par ses mœurs et par sa vie sociale intense, par son évidente intelligence, capable de réflexions, de résolutions, déterminées par un choix entre plusieurs motifs, que la fourmi, au système nerveux ganglionnaire, commandant à un squelette tout externe, et qui semble un vertébré retourné.

Il faut bien convenir que la ressemblance plus ou moins grande des types animaux avec le type humain n'est nullement une mesure de leur supériorité psychique. De même, la décroissance des phénomènes apparents de la sensibilité, de la passion, de la volonté n'est point en raison exacte de la diminution de complexité du système nerveux constatée par l'anatomie comparée. Bien loin au-dessous du degré organique où toute apparence de système nerveux disparaît, il y a encore des mouvements autonomes réels, ayant un but défini, utile à l'individu ou à son espèce, et qui, par leur nature réflexe, sinon réfléchie, présupposent logiquement des sensations déterminant des volitions spontanées : c'est-à-dire tout ce qui se passe dans les centres nerveux des organismes supérieurs.

Chez les infusoires, les plus inférieurs, les tissus organiques simples, sans différenciation apparente, qui ne sont plus guère qu'une masse protoplasmique contractile, sont, en quelque sorte, tout nerfs. Ce sont des cellules cérébrales fonctionnant directement pour leur propre compte, au lieu de fonctionner médiatement par l'intermédiaire de fibres conductrices, tant pour la sensibilité passive et centripète que pour les volitions internes et centrifuges.

Chaque cellule vivante n'est qu'une aggrégation formée, suivant certains modes et certaines lois, de molécules organiques, elles-mêmes composées de molécules élémentaires, nageant dans un milieu protoplasmique formé d'atomes matériels. Si ces cellules peuvent sentir, raisonner, vouloir et agir, pourquoi leurs atomes constituants ne seraient-ils pas eux-mêmes, à un moindre degré, des centres de sensibilité passive et d'action volontaire spontanée, dont les mouvements, fatalement logiques, seraient dynamiquement déterminés par des sensations minimum ?

On ne peut supposer qu'un ressort sente, pense et veuille ; mais on peut encore bien moins prouver, par aucun raisonnement régulier, que chaque atome matériel d'un ressort n'est pas, lors de sa tension, dans un état de gêne et de contrainte physique dont il cherche spontanément à sortir par une détente qui rétablit son équilibre.

Si toute sensation simple, élémentaire, résulte d'un contact ; pourquoi chaque élément matériel n'aurait-il pas la faculté de sentir ce contact, d'en avoir conscience, de le juger, par rapport à lui-même, agréable ou douloureux ; et de réagir contre cette sensation, dans la limite de sa spontanéité psychique et de son énergie physique, pour lui échapper ou la renouveler, par une action reflexe instantanée, absolument déterminée et fatale ?

Si les êtres supérieurs, organisés d'après le plan d'une complication de plus en plus grande et d'une concentration hiérarchique de plus en plus complète, ne sont en réalité que des fédérations d'âmes; s'ils doivent à cette centralisation, à cette concentration, des facultés intellectuelles plus complètes, avec une gamme passionnelle plus riche et plus perfectionnée qui, fournissant à leur volonté de plus nombreux mobiles d'action, élève le niveau apparent de leur liberté et leur permet de réagir plus puissamment sur les autres êtres de leur milieu ambiant; si notre conscience humaine n'est ainsi que la résultante d'un nombre considérable de consciences subordonnées d'ordre inférieur; si la sensation de notre unité organique n'est que le sentiment instinctif, acquis par hérédité, de la solidarité que relie entre eux ces centres animiques subordonnés; si le sens intime de notre existence individuelle et de son unité organique n'est que la résultante des sensations internes identiques causées par les contacts mutuels, les actions ou réactions réciproques de nos éléments matériels composants, vibrant à l'unisson, de façon à ce que la sensation du bien-être ou du mal-être soit commune à tous ; et si tous acquièrent ainsi, par une expérience constante, le profond sentiment d'égoïsme qui les assservit à la conservation de l'individu total complexe, qui est le produit de leur mutuelle subordination, tous les problèmes jusqu'ici insolubles de la biologie et de la psychologie disparaissent. Ils se trouvent résolus dans l'identité et l'unité des éléments matériels du monde et de ses éléments psychiques, et l'organisation de la matière, dite inerte, en être doués de vie et de conscience, cesse d'être un mystère.

VIII

L'unité de substance de l'univers concilie les antinomies de l'entendement.

Dès lors, en effet, la vie et la pensée n'apparaissent plus comme une exception infime, spéciale à une très petite portion de la substance universelle. Elles ne sont plus le privilège immérité d'une minorité d'êtres, eux-mêmes incomplets et transitoires, tirés du néant de la conscience par la volonté arbitraire d'un maître capricieux. Elles redeviennent une loi générale et fondamentale du cosmos éternel, infini en substance comme en force. Dès lors, tout mouvement est autonome, sous des lois, et fatalement déterminé par des volitions reflexes, résultant de sensations passives. La liberté est partout, mais partout réglée par des mobiles entre lesquels ses choix, ses préférences sont les effets de causes antécédentes; comme la conclusion d'un syllogisme résulte de ses premisses. Tout élément atomique individuel à la notion d'un ordre, d'un bien, qui est son bien, et qui n'est que l'équilibre des contacts qui le limitent; d'un mal, qui est son mal, parce qu'il consiste dans la rupture de cet équilibre, de cet ordre, qu'il cherche aussitôt à rétablir, par des mouvements spontanés d'une fatalité absolue. En un mot, le monde psychique est gouverné par les lois d'une inéluctable logique, comme le monde physique par les lois mathématiques. La grande unité harmonique de ces lois apparaît comme la norme universelle qui règle le monde et gouverne l'ordre des existences, comme celui de la connaissance. Dans le monde, ainsi conçu, s'efface la mystérieuse et incompréhensible antinomie de la matière et de l'esprit; car s'il n'y a plus que de la matière, toute cette matière est esprit. Elle en a tous les attributs, puisqu'elle a la sensibilité, le jugement, la volonté, tendant à une fin morale : le bien. Elle est à elle seule l'être complet ; elle est tout, tout est en elle.

Les organisations hiérarchiques, plus ou moins complexes, depuis la molécule chimique jusqu'à l'homme, peuvent se dissoudre par la mort, se dissocier par la décomposition, comme elles se sont formées par la génération ou la combinaison. Leurs éléments conservent l'existence éternelle au minimum, l'immortalité incrée et immuable dans l'ensemble de leurs attributs physiques ou psychiques élémentaires. Ils ont le privilège d'une science innée, infinie, bien que vague, qui leur est coéternelle, et qui, dans leurs combinaisons hiérarchiques vivantes les plus élevées, les plus complexes, sert de norme à leur raison et de point de départ à leur expérience des qualités des choses, vues par grandes masses. Ils savent ce que nous ignorons, bien que sans savoir qu'ils le savent : la nature intime et interne des êtres. Ils connaissent, par une expérience perpétuelle et sans terme, ce que nous ne pouvons que penser, supposer, induire par une puissante concentration des facultés rationnelles de notre entendement qui, chez nous, qui nous jugeons leurs supérieurs, est troublé par la vivacité et la complexité mêmes de nos sensations collectives. Un seul sens, le toucher, révèle à l'infiniment petit élémentaire, ces lois les plus intimes et les plus absolues de l'univers, que notre science empirique, aidée des sens multiples qui nous font illusion, après tant de siècles d'efforts, soupçonne encore à peine.

L'atome matériel, sorte de monade vivante, microcosme pensant, foyer optique de connaissance et d'observation directe, où viennent converger toutes les vibrations ambiantes, peut seul apprécier, par un contact immédiat, les différences de longueur ou de rapidité des ondes lumineuses qui le sollicitent par leurs rythmes entrecroisés, et tous les autres rythmes vibratoires différents d'où naissent nos diverses sensations. Il sait mieux que nos opticiens pourquoi tel corps est diaphane et tel autre est opaque. Il est plus savant qu'un Haüy sur les formes cristallines. Il connaît mieux qu'un Lavoisier, un Dumas, un Wurtz, un Berthelot, le jeu des affinités chimiques. Car tout cela, il ne le sait pas; il le sent, il le touche, il le mesure à son propre mètre. Il n'a qu'un sens; mais il est total, complet, sans illusion, sans mensonge. Il sent par tout son être; tandis que nos organes perfectionnés, complexes, médiats, ne gagnent en étendue, en vue d'ensemble, que ce qu'ils perdent en précision dans la sensation des détails. Nos perceptions sensorielles, confuses en raison de leur nature collective, nous permettent de traverser les espaces par l'ouïe et la vue, et de constater les rapports généraux d'étendue entre les masses matérielles, proches ou lointaines; d'apprécier grossièrement, par le goût ou l'odorat, certaines de leurs propriétés chimiques résultantes et, par le tact, leurs propriétés physiques, telles que la dureté, l'élasticité, la température, etc., etc.; de prendre connaissance de leurs formes générales et de leurs proportions relatives, par un toucher grossier qui peut en palper les surfaces et en embrasser les limites; mais ils ne peuvent nous renseigner sur leurs structures moléculaires. Ce sont, pour nous des moyens de connaissance générale, mais superficielle et approximative. En vain tous les efforts de notre raison tendent à compléter notre savoir par des inductions hypothétiques sur la nature interne des choses qui, en somme, ne livrent à notre observation que des phénomènes complexes, des apparences variables, changeantes, dont la réalité même nous devient douteuse, tant elle nous semble difficile à séparer de l'élément subjectif qu'y mêle la sensation organique, et tant elle offre à notre entendement d'insolubles contradictions.

Nos télescopes ont percé l'étendue des cieux, nos spectroscopes ont interrogé les étoiles pour leur faire dire de quelles substances elles sont formées, sans nous livrer le secret de la différenciation chimique de ces substances et de leurs diverses propriétés. Notre tradition conserve, entasse les observations des générations successives, sans nous rien révéler sur l'origine des choses et sur notre propre origine; sans nous expliquer l'hiatus qui dessine les limites des diverses formes spécifiques vivantes et des divers règnes de la nature. Nos microscopes fouillent l'infiniment petit, sans atteindre à l'acuité, à la sûreté de vue d'une fourmi, d'une mouche, d'une monade; sans nous révéler les formes élémentaires des molécules, les rythmes de leurs mouvements, et, par-dessus tout, leur nature psychique, dont la nôtre n'est qu'une résultante dérivée et complexe.

Notre conscience morale, enfin, n'est, jusqu'ici, que ténèbres, illusions, préjugés traditionnels de caste ou de nation, instincts spécifiques aveugles, auprès des clartés de la conscience de l'atome. Car il sent, voit, touche ce souverain bien universel et absolu que notre organisme passionnel nous dérobe sous le voile épais des illusions sensibles et des émotions organiques, auxquelles nous condamnent les fatalités aveugles de l'hérédité, et dont nous nous demandons en vain le pourquoi, en les voyant nous condamner à subir plus de maux qu'elles ne nous donnent de biens.

Cependant, notre science raisonnée, quelque vague qu'elle soit, mais plus étendue, aidée de notre puissance d'attention, de concentration réfléchie, consciente, volontaire, déterminée par la passion supérieure du vrai, naissante dans l'humanité, reste en cela même supérieure à la science élémentaire de l'atome, qui sait avec clarté, mais avec inconscience, et ne peut raisonner volontairement sur ce qu'il sait, étant sans passion pour le vrai, et indifférent à son savoir. L'atome élémentaire ne sent, ne touche, n'expérimente jamais que le fait voisin, immédiat, particulier, relatif à lui-même, qui n'excite en lui qu'une puissance de réaction égoïste; tandis que, dans notre vie psychique collective nous saisissons le fait général, avec la loi qui le régit, avec ses antécédents, ses conséquents logiques, ses causes et ses effets, son comment et son pourquoi; et notre jugement en tire les principes éthiques de la vie générale et du monde, avec leurs finalités supérieures universelles.

IX

Le monde organique n'est qu'une minorité dans l'univers.

En somme, les formes supérieures de l'organisation représentent dans l'univers une fraction infinitésimale de la totalité des existences. Il semble que notre entrée dans les rangs des êtres, seuls dits vivants jusqu'ici, n'ait pour but suprême que de nous donner, pour un instant, une place privilégiée au grand théâtre sur lequel se déroule le grand, mais triste spectacle du drame, presque toujours douloureux et souvent ridicule, de la vie passionnelle dans toute son intensité; de nous faire connaître un moment de combien de manières différentes un être peut jouir et souffrir; pour nous replonger ensuite dans la quiétude indifférente du repos inorganique et nous faire apprécier peut-être ainsi la douce uniformité des sensations élémentaires.

Jusqu'ici, tous les paradis et les enfers, qu'on a inventés, ont été imaginés sur le plan de la souffrance et de la jouissance au maximum. Nul ne s'est demandé ce que pourrait être l'existence au minimum, sans souffrance et sans jouissance, dans la quiétude indifférente de la conscience pure de l'être que ne peut affecter aucune sensation ni agréable, ni douloureuse : c'est-à-dire dans le repos suprême conscient.

Que peuvent être, en effet, les sensations de l'être élémentaire, ainsi soustrait à ces vicissitudes de la sensibilité organique et passionnelle, sinon celles que nous éprouvons dans le sommeil sans rêves ? Notre cerveau lâche alors les rênes de notre volonté. Les sensations extérieures sollicitent encore les extrémités de nos fibres nerveuses, mais sans arriver jusqu'à notre conscience. Nos centres sensitifs secondaires seuls continuent de veiller à la conservation de notre individualité hiérarchique, pour réagir, par de rapides mouvements reflexes contre les périls qui peuvent la menacer et sonner, au besoin, la cloche d'alarme pour éveiller les sensations centrales, dès que ces périls exigent une décision suprême du gouvernement cérébral de notre être.

Dans le sommeil complet, nous conservons seulement la sensation de notre existence; sensation vague, pourtant calme et douce, en somme pleine de volupté; mais nous perdons le sentiment de notre unité individuelle. Nous faisons corps avec les choses. Le moi se confond dans le tout. La pression de notre poids sur les objets sous-jacents, n'existe même plus qu'adoucie par le partage qui s'en fait entre les couches élastiques de nos tissus. La contraction de nos muscles a cessé, avec l'effort qu'elle nécessite et la fatigue qui en résulte. Les mouvements réguliers de notre cœur, ceux du sang dans nos vaisseaux, les battements de nos artères ne troublent pas plus notre sommeil que les vibrations calorifiques ou lumineuses qui se transmettent à travers la masse de notre corps. Que celui-ci sente extérieurement l'impression du froid, et des mouvements inconscients, commandés par les centres secondaires, rapprocheront de nous les étoffes de notre couche les plus propres à empêcher le rayonnement, ou les écarteront, au contraire, si la température de notre milieu ambiant est trop élevée. Mais que la sensation du froid soit trop intense, le cerveau sortira de son repos, s'arrachera à cette existence vaguement consciente que lui a fait momentanément son isolement du reste du corps. Il réagira subitement, spontanément, avec une logique imperturbable, dont nulle réflexion, nulle hésitation, entre des motifs déterminants opposés, n'aura retardé les décisions aussitôt exécutées. Il agira alors, comme un centre secondaire, par une activité toute reflexe, prouvant par là son identité de nature avec nos ganglions subordonnés; tout comme dans une vaste usine, une simple courroie de transmission, changée de place, fait tout à coup fonctionner certains rouages qui auparavant restaient en repos.

En un mot, dans l'immobilité, l'insensibilité vaguement consciente du sommeil complet, nous végétons, comme la plante endormie dans le bien-être de la vie sans sensation centrale. Dans le sommeil troublé nous agissons automatiquement, comme les organisations animales inférieures centralisées, sans avoir la perception des sensations agréables ou pénibles qui nous déterminent à l'action. Dans l'état de veille seulement, nous devenons des êtres capables de vouloir avec réflexion après avoir pensé et jugé leurs sensations.

Quel est en somme le plus doux, le plus agréable de ces trois états? Au seul point de vue physique, c'est évidemment l'état de sommeil purement végétatif. Le sommeil troublé de l'animal, sollicité par des sensations non perçues, est un état inquiet d'équilibre instable; et l'état de veille, où la sensation perçue a toute son acuité, peut nous faire passer par tous les degrés possibles de la souffrance et de la jouissance. Si donc il pouvait exister un état qui, au bien-être et à la quiétude physique de l'être purement végétatif, joindrait une conscience de l'être, nette et définie, mais, en quelque sorte, tout intellectuelle, un tel état serait le plus désirable de tous. Or, il semble que, si l'atome matériel élémentaire est conscient, cet état de conscience doit être le sien.

Un atome matériel élémentaire arrivé à l'équilibre dans un lieu équilibré, en mouvement ou en repos, qui persiste dans son mouvement ou son repos, en vertu de la loi d'inertie, ne peut avoir d'autres sensations que celles des mouvements vibratoires repercutés dans ce milieu et qui, par leur périodicité même, ne peuvent être l'objet pour lui de sensations pénibles. Cet état, tant qu'il persiste doit donc être plutôt agréable. Que le mouvement qui l'anime soit précipité ou ralenti, la sensation de ce ralentissement ou de cet accroissement de vitesse ne peut lui être douloureuse. Ce n'est guère que le choc d'un obstacle, le forçant à revenir sur lui-même, à changer la direction de son mouvement ou à céder à d'autres corps une partie de sa vitesse, qui pourrait fournir à un tel être l'occasion d'une sensation plus ou moins pénible, contre laquelle il réagirait violemment pour retrouver son équilibre détruit. Outre cela, on peut admettre que toute augmentation de pression, qui diminue sa part d'espace, est accompagnée d'une sensation de gêne, et que toute diminution de cette pression est l'occasion d'une sensation de bien-être relatif. Mais aucune de ces sensations ne saurait avoir l'acuité de nos sensations organiques, dont notre mécanisme nerveux semble avoir pour but de multiplier la vivacité.

Si l'on songe que la plus vive blessure est à peine sentie par le combattant qui se défend dans la chaleur d'un combat corps à corps; tandis qu'elle occasionne aussitôt de vives douleurs à celui qui la reçoit passivement, et surtout qui l'attend et la pressent; il faut bien reconnaître que l'activité cérébrale concourt à accroître l'intensité de la sensation, par la perception et l'attention. Par conséquent, à l'état inorganique, tout choc ou toute pression se réduit à une sensation de contact, plus ou moins intense qui ne peut donner, ni le sentiment de la douleur, ni celui de la jouissance, mais seulement celui d'un changement d'équilibre, sollicitant l'être à réagir pour rétablir un équilibre nouveau.

Si tel est en réalité l'état de conscience de

l'être élémentaire, il faut reconnaître que c'est un état heureux, pouvant alterner agréablement avec les agitations passionnelles de l'état organique; comme l'état de sommeil alterne avec l'état de veille pour les êtres vivants supérieurs, dont les activités surexcitées ne semblent pouvoir se passer de ces acalmies périodiques, dont le plaisir le plus vif fait sentir le besoin, au moins autant que la douleur la plus intense.

X

L'existence consciente universelle réalise le bien absolu.

Dans cette conception de l'univers, et dans celle-là seulement, les notions antithétiques du bien et du mal, telles que les passions spécifiques, propres aux êtres organisés, nous les font concevoir, n'apparaissent plus que comme des accidents, comme des cas extrêmes, presque négligeables, tant ils sont rares, et exceptionnels dans la grande moyenne générale des existences. Vu de si haut, le drame de la vie diminue d'importance. Il se réduit à ses justes proportions, grandies par notre égoïsme, et tant amplifiées surtout par les religions ou les philosophies qui faisaient de l'homme le but et l'objet central de l'univers.

En effet, de ce point de vue, le bien et le mal ne sont plus seulement notre bien et notre mal ou celui de telle ou telle espèce. Le bien est l'ordre général du monde dans sa variété changeante infinie; le mal en est le désordre, l'immobilité stérile. La variété et le changement, qui, pour les anciens philosophes, étaient opposés à la perfection, changent ici de signe et deviennent des biens positifs. L'immuabilité, l'identité, l'unité, qui étaient les conditions du souverain bien, pour les anciens moralistes théologisants, nous apparaissent, au contraire, comme les conditions du mal. Si quelque chose peut nous amener à accepter, comme règle de la majorité des existences, la conscience minimum de l'être élémentaire, c'est à condition que, tour à tour, ces êtres pourront sortir de cet état, en quelque sorte neutre, de l'existence rudimentaire, pour participer aux divers états de conscience, activement et intensivement passionnels, que la vie organique seule rend possible.

Mais la vie organique, ainsi considérée comme de rares heures de réveil, dans le long sommeil de la conscience individuelle rudimentaire, est réduite à sa juste valeur. Nous ne trouvons plus que notre place au théâtre, sur lequel elle déroule ses péripéties multiples et capricieuses, vaille le haut prix dont la plupart des êtres vivants sont prêts à la payer. Il se fait comme un grand apaisement dans la conscience, où naît l'espoir qu'après les courtes agitations de l'une quelconque de ces formes de l'existence, consacrées à l'expérience en grand des lois du monde, les éléments, redevenus libres, de notre hiérarchie détruite rentreront dans un repos séculaire, sans souvenirs mais sans regrets, sans amours mais sans haines, où chacun d'eux trouvera une réponse à nos curiosités intellectuelles mal satisfaites, avec la cessation des douleurs spécifiques auxquelles l'exposait sa participation à une existence collective, toujours menacée d'une destruction douloureuse.

Cette vie latente universelle de la matière-esprit, analogue au sommeil, apparaît comme la fin désirable de cette ardente lutte que tous les êtres vivants se livrent entre eux pour élargir leur place au banquet de la vie. Nous y trouvons le terme où se réalise enfin ce grand concept d'égalité où notre conscience moderne commence à voir, l'idéal de toute justice avec la pacification finale de toutes les consciences et de tous les égoïsmes dans un bonheur suffisant et sans trouble.

Quel est en réalité le premier des biens individuels ? C'est l'être, à la condition qu'il soit senti. C'est de se sentir être, sans aucune menace, sans aucune crainte de n'être plus et de n'être jamais moins. C'est d'exister pour toujours, sans diminution dans l'existence et dans la jouissance. N'est-ce pas là le concept que l'humanité s'est faite, dans ses rêves théologiques enfantins, de l'immortalité dans un repos divin ?

Si tel est l'éternel destin de l'être élémentaire, à la fois physique et psychique, le concept créé par les aspirations les plus primitives de l'esprit humain, répondait à une réalité objective. Le bouddhiste qui attend son absorption finale dans le grand tout, dans le grand non-être, dans le *nirvâna* passionnel, est celui qui s'est approché le plus près de la grande finalité des choses et de la destinée universelle des êtres.

Si, pour l'être individuel, l'existence est le premier des biens ; la plus grande somme possible d'existence sera le mieux absolu, le souverain bien. Si le monde infini, comme espace et comme durée, est constamment rempli d'un nombre indéfini d'existences, toutes éternelles ; l'univers réalise le bien absolu, le bien plus qu'infini, puisque, ainsi que nous l'avons vu, il aurait pour formule algébrique totale le produit du bien moyen individuel par le nombre indéfini des existences et par leur éternelle durée :

$$\text{Soit} = b" \text{NT} = x \, \Omega \, \infty.$$

Et, si au nombre, seulement indéfini, des existences individuelles élémentaires, se joint une hiérarchie formée d'un nombre, également indéfini, d'existences collectives hiérarchisées, subordonnées les unes aux autres, et dont les éléments constituants gardent leur part de vie individuelle dans la vie collective agrandie ; si ces formes de la vie s'emboîtent ou s'inscrivent les unes dans les autres, comme autant de sphères en d'autres sphères d'un rayon plus vaste, à l'infini, la somme totale de ces existences peut être représentée par le produit du bien individuel par l'indéfini du nombre et l'infini du temps, multipliant la seconde puissance de la variété :

$$\text{Soit} = b''\text{NTV}^2 = x\, \Omega\, \infty^3.$$

En effet, des existences se subordonnant, d'autres existences, comme des sphères de rayons croissants sont emboîtées dans une sphère de rayon infini, ne peuvent plus se représenter par l'infini linéaire, mais par l'infini en volume, c'est-à-dire ∞^3. Et si l'on songe que le produit positif, ji, de la somme des biens individuels par leur intensité, étant aussi grand que possible, et le produit négatif, si, de la somme individuelle des maux par leur intensité, étant aussi petit que possible, à mesure que la variété des formes augmente, pour chacun de ces êtres, la somme des biens, moins la somme des maux, donne une expression positive d'autant plus considérable que leur variété est plus grande.

On voit ainsi comment le plan du monde organique, avec les lois évolutives qui le régissent, a pour effet de réaliser dans l'univers la plus grande somme totale possible de bien absolu, et comment cette quantité de bien, aussi grande que possible, ne peut être atteinte qu'au prix de l'existence d'une certaine quantité de mal.

Mais n'oublions pas que, l'existence n'étant un bien que si elle est consciente, que sans conscience il n'y a pas de bien, mais des êtres indifférents à autrui comme à eux-mêmes, la réalisation du bien absolu dans le monde, selon cette formule, implique absolument que, chez tous les êtres de tous rangs, il y ait conscience de l'existence dans une mesure proportionnelle à l'intensité de cette existence, et à la faculté de jouir et de souffrir qui en dérive. Si donc cette conscience existait seulement chez les êtres hiérarchisés supérieurs, sans persister chez tous leurs éléments hiérarchiques et jusque chez tous les êtres élémentaires inorganiques, il y aurait un mieux possible qui ne serait pas atteint : le bien absolu ne serait pas réalisé dans le monde.

L'existence uniforme, toujours la même et au même degré, serait également en contradiction avec une idée du mieux possible : l'uniformité du bien entraînant l'indifférence du jugement, comme l'uniformité de la sensation entraîne l'apathie sensorielle. Le souverain bien absolu ne peut donc être réalisé dans le monde que si chaque être peut à son tour y éprouver diverses manières d'être, plus ou moins complexes, variées, susceptibles d'une diversité infinie de sensations, d'expériences, de sentiments, admettant tous les degrés d'intensité, permettant toutes les comparaisons, et, finalement, toute la science et la conscience possibles. Or, dans l'infini du temps et de l'espace, un nombre indéfini d'êtres individuels peuvent revêtir successivement toutes les formes possibles de l'existence, le nombre de ces formes fut-il indéfini.

Chaque être élémentaire, individuellement considéré, peut arriver ainsi à réaliser le concept absolu de la justice et de l'égalité, par un partage, entre tous, de la totalité des biens possibles et de la proportion des maux inévitables. Cette totalité, étant égale au produit de plusieurs modalités infinies, il en résulterait que la part de bonheur total de chaque être élémentaire serait également infinie dans l'infini du temps.

Car si nous divisons la formule

$$b'' \text{NTV}^2 = x \, \Omega \, \infty^3$$

par le nombre indéfini des existences élémentaires éternelles, qui constituent successivement toute les formes hiérarchiques de l'être, nous trouvons que :

$$\frac{b'' \text{NTV}^2}{\text{N}} = \frac{x \, \Omega \, \infty^3}{\Omega} = \infty x)^3.$$

C'est-à-dire que leur part de bonheur individuel, dans la totalité infinie du temps, serait égale au produit du bonheur individuel moyen par l'infini à sa troisième puissance. Nous avons déjà vu précédemment comment cette quantité totale du bien absolu, total ou individuel, entre en équation avec les éléments mêmes de l'être, et ses modalités premières [1].

[1] Ces rapports seront plus développés dans notre ouvrage sur l'*unité de la force, de la matière et de l'esprit*.

Si dans l'ordre des facteurs, $b''NTV^2$, on supprime la variété à sa seconde puissance, V^2 la somme totale du bien devient $b''NT = x\, 8\infty$ et la somme moyenne du bien individuel n'est plus que $\dfrac{b''NT}{N} = x\infty$: c'est-à-dire qu'elle se réduit à la somme du bien réalisable par le seul monde inorganique.

Il serait autrement impossible de rendre compte de l'existence de cette hiérarchie immense et inextricablement enchevêtrée du monde organique, avec ses myriades d'infiniments petits, existants pour eux-mêmes, ayant en eux-mêmes, momentanément, leur but et leur fin, comme les êtres plus élevés. On ne pourrait expliquer l'apparition de ces espèces parasites de tous ordres, de ces séries graduées d'êtres, vivant les uns des autres, aux dépens les uns des autres, inclus les uns dans les autres, ou opposés les uns aux autres, se servant réciproquement de proie, de rivaux, d'esclaves, de moyens et de fins, surtout de limites mutuelles, quant à l'expansion numérique de leurs individus, quant à la grandeur de leurs proportions et quant à l'intensité de leurs besoins et de leurs passions. Sans cette nécessité de limiter l'extension des égoïsmes, tant individuels que spécifiques, et l'expansion abusive de certaines formes vivantes qui pourraient arriver, à un moment donné, à confisquer à leur profit le monopole de la vie organique, on ne comprendrait pas le but éthique de la rivalité de toutes les formes de la vie. Cette guerre acharnée, réciproque, universelle de tous les êtres entre eux, sert d'excitant et, comme de ressort, à tous les modes passionnels, à toutes les variétés d'instincts et de besoins, d'organes et de fonctions, de sentiments individuels ou esthétiques, acquis ou héréditaires, à tous les degrés possibles de l'intelligence, à toutes les formes de la moralité spécifique, à tous les motifs déterminants de volitions, reflexes ou réfléchies.

En effet, cette loi de concurrence vitale, qui semble si sévère, a pour résultat de multiplier sans cesse les formes les plus parfaites, les mieux adaptées à leurs conditions de vie et de bonheur, les plus heureuses, en somme; en même temps que de les faire varier à l'infini et de superposer sans cesse, probablement sur chaque monde, comme sur le nôtre, de nouveaux degrés supérieurs de l'organisme aux degrés déjà suffisamment remplis de ses degrés inférieurs. Ainsi s'établit une sorte de progrès indéfini, fatal dans son évolution moyenne résultante, sinon dans toutes ses composantes, et dont le dernier terme possible échappe à notre expérience et dépasse même la puissance de notre imagination.

Peut-être en chaque monde existe-t-il un terme fatal, où sa quantité de force épuisée ne peut plus suffire à la production et à l'entretien de rangs si nombreux d'organismes vivants superposés.

En ce cas, deux hypothèses sont possibles.

Ou bien, par une évolution rétrogressive, la hiérarchie de ces organismes s'affaisse et redescend peu à peu, par une succession de phases inverses des phases successives de ses progrès. Alors on verrait disparaître, d'abord les êtres complexes supérieurs, puis leurs subordonnés. De degré en degré, le niveau de la vie baissant sans cesse, en intensité, qualité et quantité, tous les éléments atomiques de ce monde finiraient par rentrer dans l'existence matérielle élémentaire ; jusqu'à ce qu'une cause de destruction totale les rejetât dans un autre courant de réorganisation vitale.

La seconde supposition, supérieure au point de vue éthique, consisterait à admettre que la vie organique, diminuant dans ce monde, épuisé en quantité et intensité, continuerait à s'élever en qualité : c'est-à-dire que la diminution, comme quantité, portant surtout sur les rangs inférieurs de l'organisation, les rangs supérieurs continueraient à se maintenir, à s'élever et à être représentés par un nombre de plus en plus restreint d'individus, de mieux en mieux doués comme facultés psychiques, comme intelligence, moralité, sociabilité, industrie, science, richesse et élévation de la gamme passionnelle. A mesure qu'on y verrait diminuer les prodigalités de la nature physique, la fécondité se limiterait plus exactement à la mesure de la mortalité, rendant moins sévères les fatalités de la loi de sélection. Alors, dans une élite vivante, composée d'un nombre relativement fixe d'êtres, de types également moins variables, on verrait s'accroître considérablement la longueur moyenne de la vie individuelle jusqu'à un terme où seulement un nombre restreint d'individus de choix, exactement mesuré aux ressources alimentaires et aux conditions de vie actuelles de la planète, s'y perpétuerait dans une sorte d'immortalité relative. Le jour enfin où toute vie physique, naturelle, cesserait d'être possible, ces derniers survivants d'un monde ne pourraient s'y maintenir qu'à l'aide des moyens factices d'une science devenue maîtresse des lois, restées encore aujourd'hui ignorées, de la biologie et de la chimie organique.

XI

Contradictions de l'hypothèse dualiste.

A ce magnifique édifice à multiples étages de la vie, à cette Babel immense de l'existence, conservant, de la base au sommet, l'identité primordiale de ses éléments constituants, dont toutes les capricieuses diversités ne sont que des différences de degrés, c'est-à-dire de quantité et d'intensité, non de qualité et de nature, ôtez son fondement logique : la faculté de sentir, penser et vouloir, latente ou actuelle, mais universellement répandue, chez tous les éléments premiers de la substance universelle ; et aussitôt tout s'écroule. La raison de tout échappe

On ne voit plus ni principe, ni fin, ni moyen, ni but. Cet effet paraît sans cause. Au lieu d'une évolution normale, constante, progressive de forces éternelles, virtuellement préexistantes dans tout l'univers, et évoluant d'après des lois invariables, vous n'avez plus qu'une création capricieuse, inintelligente, méchante ou impuissante. L'idée du bien n'y apparaît plus que comme une source féconde de maux inévitables, et comme un irréalisable *desideratum* s'imposant, comme un perpétuel tourment, à tous les êtres capables de sentir et doués de façon à n'aimer jamais que le bien sans pouvoir l'atteindre.

Dans l'hypothèse dualiste, en si grande faveur jusqu'à ce jour parmi les moralistes, pourquoi certaine partie de la substance serait-elle condamnée à n'être jamais qu'une matière inerte, passive ou rebelle devant l'esprit, son inévitable obstacle et, inconsciente du mal qu'elle cause, incapable de bien pour elle-même? Pourquoi l'autre partie de la substance, condamnée aux impuissantes activités psychiques, devrait-elle s'épuiser perpétuellement à d'irréalisables désirs; ne concevoir des espérances que pour se heurter à de continuelles déceptions; ressentir des passions fatales qu'elle ne peut ni ne doit satisfaire et contre lesquelles elle doit toujours lutter; sans jamais arriver à un ordre total du monde qui s'approche du repos et de l'équilibre; sans qu'aucun progrès accompli profite, soit à elle-même, soit à cet ordre général des choses qui resterait pour elle, à jamais, un impénétrable mystère de contradictions désespérantes et d'antinomies insolubles?

On ne peut accepter une conception hypothétique totale du monde que si elle réalise un ordre logique quelconque et le meilleur ordre possible; que si elle offre un but, une finalité quelconque, un pourquoi suprême. Que l'univers soit éternel, incréé et résulte de l'activité constante de ses propres éléments, dans l'infini du temps et de l'espace, cette activité élémentaire, étant gouvernée par des lois logiques, en somme, a dû arriver à ce meilleur ordre possible désirable pour tous. Qu'au contraire, cet univers ait commencé, qu'il ait été créé ou organisé par une intelligence ordonnatrice, toute-puissante et bienfaisante, *a fortiori*, et cela dès le principe de son action, cette intelligence n'aurait pu avoir fait du monde un chaos inexplicable et contradictoire à toutes les conditions de l'entendement, dont le but doit être de connaître l'ordre final des choses afin de s'y conformer. Dans les deux suppositions et de toutes façons, l'ordre et le meilleur ordre possible doit exister dans le monde; et nous devons pouvoir arriver à le découvrir, à l'expliquer, à le formuler, pour en faire la règle de nos jugements de notre conduite, tant individuelle que sociale et et spécifique.

XII

La quantité du bien peut-elle être augmentée et la quantité du mal diminuée dans le monde?

Le meilleur ordre possible existe-t-il dans le monde? La somme totale du bien absolu, dont nous avons vu que la valeur est, individuellement, égale à la troisième puissance de l'infini, si le bien individuel moyen (b''), égale seulement l'unité, ne pourrait-elle y être augmentée?

Elle le pourrait certainement par une diminution du mal : c'est-à-dire par un accroissement des différences individuelles variables qui sont représentées par l'expression ($ji - si$).

En effet, dans le monde inorganique, au degré

le plus bas, mais le plus large, de l'échelle des êtres, qui représente l'existence minimum, soit comme jouissance, soit comme souffrance, ces différences, qui résultent de quantités très petites, sont fatalement très petites, et ne sauraient être augmentées. A ce degré élémentaire de la sensibilité consciente, la jouissance, à peine perçue, est presque identique à la souffrance et les deux termes *ji* et *si* sont fort à peu près équilibrés. La seule sensation positive qui n'ait pas sa contre-partie dans une sensation négative est celle de l'existence même, qui, bien qu'atténuée, et à son minimum, surtout dans la substance pesante, ou matérialisée, ne peut disparaître complètement; puisqu'elle se confond avec l'éternité même de l'être atomique élémentaire et fait partie de sa nature interne essentielle, étant le ressort même de son action physique.

A ce degré de l'existence consciente, on peut donc considérer la différence positive exprimée par (*ji*—*si*) comme égale à l'unité : c'est-à-dire comme aussi petite que possible pour rester une valeur positive, ou même dans la substance

FORMULE DU BIEN ABSOLU DANS L'UNIVERS. 179

pesante proprement de la matière, à une unité incomplète à laquelle il manquerait une fraction variable [1].

Or, cette valeur minimum de la sensibilité consciente et de la somme individuelle du bien que peut ressentir l'être atomique élémentaire, soit à l'état matériel et pondérable, soit à l'état éthéré et pondérant, dépend de lois physiques absolument universelles et nécessaires, résultant de la nature même des éléments substantiels du monde et auxquelles il est impossible qu'il soit jamais dérogé. La somme totale du bien pour l'élément inorganique ne dépassera donc jamais la formule 1NT, c'est-à-dire une valeur égale à l'unité, multipliant le produit NT du nombre indéfini par le temps infini. Et, pour chaque unité de ce nombre, la somme du bien individuel restera égale à 1T, c'est-à-dire à l'infini du temps; mais ne se réalisera que dans l'éternité de ce-

---

[1] Pour expliquer la raison de cette évaluation au-dessous de l'unité de la différence (*ji-si*) pour les éléments atomiques matériels, tandis que pour les éléments atomiques éthérés non pesants, cette différence (*ji-si*) serait égale à l'unité ou plus grande, nous devons renvoyer à notre prochain ouvrage sur l'*Unité de la matière, de la force et de l'esprit*.

temps. Par conséquent à tout moment actuel donné elle se réduira à l'unité de jouissance pour l'unité d'existence.

Mais le monde organique est gouverné par des lois plus contingentes en apparence, parce qu'étant très complexes, elles sont souvent opposées et donnent lieu par leurs conflits, à ces résultantes variables, quoique fatalement déterminées, qu'on appelle *le hasard*. Il est certain que, dans la succession des phénomènes de la vie organique, tout effet est le produit nécessaire de causes antécédentes, comme dans le monde inorganique. Cependant, tout ce qui pourrait se produire ne se produit pas ; et tout ce qui se produit aurait pu se produire autrement, si les conditions antécédentes de chaque phénomène avaient elles-mêmes été différentes. Les fluctuations du déterminisme psychique et passionnel du monde vivant, se joignant au déterminisme purement physique du monde inorganique, beaucoup d'êtres organisés, supérieurs ou inférieurs, sont venus à l'existence qui auraient pu ne pas naître, ou évoluer très différemment, altérant ainsi la loi d'évolution, ou supprimant les causes de production de tous leurs successeurs généalogiques ou chronologiques.

Pour chacun de ces individus hiérarchisés vivants de tous degrés, la différence individuelle ($ji-si$) est essentiellement variable, et, comme chacun de ces individus est fini en durée, il n'y a pas pour lui cette compensation exacte entre le bien et le mal, qui résulte d'une durée infinie, pour les êtres éternels élémentaires.

Il y a donc des inégalités considérables dans les quantités ji et si qui représentent le bien et le mal pour chacun de ces êtres. Ces inégalités existent, non seulement entre les diverses formes et les divers degrés de l'organisation, mais encore entre les représentants des mêmes formes ou des formes de même degré. Cette distribution individuelle des biens et des maux, étant absolument livrée au hasard des circonstances, elles-mêmes gouvernées par le concours, toujours variable, de forces aveugles et d'égoïsmes rivaux, agissant chacun pour leur bien, échappe conséquemment à toute loi d'équité et de justice distributive.

Il devrait en être autrement, si une intelligence souverainement ordonnatrice et parfaitement juste, étant parfaitement bonne, gouvernait le monde. Aucun argument plus puissant ne peut être invoqué contre l'existence hypothétique d'un Dieu créateur et ordonnateur du monde, que ce défaut absolu d'équité dans la répartition des biens et des maux entre tous les individus vivants de tous degrés qui coexistent dans l'espace ou se succèdent dans le temps. Bien plus, il faut reconnaître que les maux, subis par les uns, ne sont pas exactement compensés par une quantité égale de bien au profit des autres, et qu'il y a, en somme, dans le monde organique, une quantité considérable de mal absolu qui n'est justifiée ni par la morale, ni même par une utilité quelconque.

Tous les êtres vivants sont loin d'être aussi heureux qu'ils pourraient l'être, si le concours aveugle des forces et des égoïsmes individuels était plus intelligemment conduit. Toutes les espèces organiques ne sont pas parfaitement adaptées à leurs milieux, à leurs conditions de vie; il y a souvent disette sur un point des aliments qui surabondent autre part, où ils sont inutilement détruits. Les rouages de la grande machine du monde s'enchevêtrent souvent, produisant des cataclysmes, dont souffrent beaucoup d'êtres, sans qu'il en résulte aucun bien pour d'autres.

Nulle part, autant que dans le domaine de la vie humaine, on ne constate autant de forces perdues, d'efforts inutiles, de désordres naissant du conflit d'instincts dévoyés qui ne correspondent plus à leur fin, de passions qui dépassent leur but par leur surexcitation même, et surtout de l'inintelligence où sont de leurs propres intérêts, soit collectifs, soit individuels, les représentants de l'humanité. Le spectacle de la société humaine est tel, que souvent, au lieu d'une quantité de mal nécessaire compensée par tout le bien possible, il semble nous offrir toute la quantité de mal possible et seulement le bien nécessaire.

Il semble que le rôle moral de l'humanité sur la planète terrestre soit de faire à ses dépens l'expérience douloureuse de l'existence organique, livrée au hasard des forces aveugles opposées et des volontés rivales en conflit ; d'apprendre ainsi à gouverner ces forces fatales et ces volontés égoïstes ; et d'en régler les résultantes, de façon à diminuer, d'abord pour chacun des représentants de l'humanité, puis par extension, pour les représentants de toutes les autres formes vivantes, la somme des maux soufferts, en accroissant la somme des biens disponibles. L'homme sur la terre, comme probablement, dans chaque monde, d'autres êtres analogues, serait ainsi chargé, à un moment donné de l'évolution organique sur la planète, d'en régler l'exubérance et la direction, de manière à accroître pour chaque individu vivant la somme des biens, en diminuant celle des maux, tout en multipliant, autant que possible, le nombre total des existences sensibles, surtout dans les degrés les mieux doués pour une vie heureuse et les mieux adaptés aux conditions de leurs milieux.

L'homme pourrait ainsi réaliser, au moins dans la limite de son royaume planétaire, une augmentation sensible, dans la somme totale du bien absolu ; moins par un accroissement direct de la somme des biens dont les êtres vivants peuvent jouir, que par une diminution de la somme des maux qu'ils sont exposés à subir : c'est-à-dire par une augmentation des différences individuelles représentées par l'expression ($ji - si$).

Nous avons vu que, dans le monde organique, cette différence, qui se réduit à la seule sensation consciente de l'être, peut être représentée par l'unité, et parfois par une unité incomplète. Dans le monde organique, au contraire, non seulement le cas est fréquent ou l'expression ($ji-si$) = 0, ji étant égal à si; mais encore n'est-il pas rare que cette expression devienne négative, ji étant plus petit que si. Supprimer, ou, tout au moins, diminuer le nombre de ces cas négatifs, multiplier le nombre des cas positifs, accroître les différences positives, restreindre les différences négatives aurait pour résultat d'augmenter dans l'univers la quantité totale de bien absolu, en élevant d'autant la somme individuelle moyenne du bonheur pour un nombre donné d'êtres.

Mais, comme en multipliant l'existence sous

les mêmes formes, on risque d'accroître entre leurs représentants les sévérités de la concurrence, l'intelligence humaine devra donc, au contraire, s'appliquer à multiplier autant que possible les formes de l'être dans les directions les plus divergentes et, dans chaque forme, les variétés les plus extrêmes et les moins susceptibles de rivalités.

L'idéal de nos démocraties modernes qui, sous l'influence néfaste du christianisme, tend, au contraire, autant que possible, à ramener tous les représentants de l'humanité à l'égalité et à l'identité, est donc absolument contraire à l'accroissement de son bonheur, soit total, soit individuel, qui ne peut augmenter que par la diversité croissante des aptitudes, des instincts, des passions et des besoins entre les divers membres d'une même collectivité sociale destinés à vivre, dans un même milieu, solidaires des mêmes destinées. Car plus ces diversités seront grandes, plus, avec les mêmes ressources, la population humaine pourra, sans diminution de la part moyenne de chacun, augmenter de densité dans un même habitat géographique donné, qui ne pourrait contenir qu'un nombre plus restreint d'habitants plus égaux et plus semblables.

C'est du reste un fait démontré par l'économie sociale et par l'histoire, comme par l'induction philosophique, que les pays où règne la plus grande égalité entre les membres de la société sont les moins peuplés, les plus pauvres, les moins industrieux, et les moins capables de résister aux invasions et aux conquêtes des races voisines, plus puissantes, plus denses et plus riches, parce qu'étant moins assujetties à cette loi d'identité spécifique, propre aux espèces inférieures, elles peuvent être plus prolifiques avec avantage.

Il est donc temps que la science philosophique vienne montrer à nos hommes politiques, le danger des doctrines élaborées, en somme, par des égoïsmes souffrants, ignorants de leurs vrais intérêts. Ces doctrines, qui flattent notre sensibilité morale et les instincts d'équité superficielle développés, par la vie sociale, dans la conscience ignorante, dérivent toutes, plus ou moins, du sentiment de religiosité excité dans l'humanité par la foi à l'existence d'une Providence omnipotente qui pourrait supprimer le mal et changer les lois universelles du monde. Or, comme la loi d'équité semble vouloir, en effet, que dans la totalité du monde, chaque être conscient sensible jouisse d'une part égale de biens et ne souffre que sa part égale de maux, des esprits étroits, ont pu croire que cette égalité de distribution, qui ne se réalise que dans l'infini du temps et la totalité du monde, tant organique qu'inorganique, devait se manifester actuellement, entre les divers représentants de notre espèce, seule privilégiée dans notre monde terrestre.

TROISIÈME PARTIE.

LA LOI MORALE SPÉCIFIQUE.

I

Loi du Bien collectif ou de la moralité spécifique.

Si le souverain bien universel, absolu, est réalisé par la plus grande somme possible d'existences conscientes, aussi variées et variables que possible, et par la plus grande somme possible de jouissances pour chacune d'elles, le bien, pour chaque collectivité spécifique subordonnée, devra suivre les mêmes règles. Ce sera, pour chaque monde, la multiplicité des existences individuelles hiérarchisées, leur variété, leur bonheur; pour chaque espèce, chaque race, chaque nation, chaque famille, ce sera la multiplication du nombre de ses représentants et, pour chacun d'eux, le plus grand bonheur possible, avec la plus haute somme d'activités utiles.

De l'égoïsme individuel atomique nous arrivons donc ainsi à la plus complète négation de l'égoïsme, au concept le plus large, le plus universel de la moralité supérieure absolue, embrassant l'ensemble du bien universel, comme but, et commandant à tous les égoïsmes individuels d'y concourir et de se sacrifier à lui.

C'est là une base inébranlable à offrir à la morale pratique, un principe éthique pouvant servir d'axiome et qu'on peut formuler ainsi :

Tout ce qui contribue à la multiplication des existences, de leurs variétés et de la somme des jouissances qu'elles peuvent se partager, est le bien ; tout ce qui diminue ces quantités est le mal : tout ce qui ne les augmente ni ne les diminue est indifférent.

Mais si la conservation et la multiplication du bonheur universel ont été confiées aux soins des égoïsmes individuels, qui doivent s'acquitter de leur charge, chacun au mieux pour lui-même, juste dans la limite où l'intérêt individuel entre en conflit avec le bien universel ; on peut concevoir de même que, dans l'ensemble des collectivités spécifiques, chacune d'elles puisse être d'abord spécialement chargée de veiller à sa propre conservation, à son propre bien. De là un égoïsme spécifique naturel qui est légitime, dans la limite où il n'entre pas en conflit avec l'intérêt universel. Car cet intérêt universel peut exiger le sacrifice d'une ou plusieurs des formes de la vie, dont l'existence compromet le bonheur d'autres formes supérieures ou seulement plus variées, plus variables et plus nombreuses. Le sacrifice d'une espèce peut donc être un bien, au point de vue du bien universel absolu, quoique un mal pour elle-même. Du reste, si ce sacrifice est nécessaire ou seulement utile, on peut s'en reposer, pour l'accomplir, sur les espèces rivales auxquelles ce sacrifice doit profiter. Mais le devoir de l'espèce, menacée ainsi dans son égoïsme par un intérêt supérieur ou plus large, n'en est pas moins de se défendre.

Pour chaque collectivité spécifique nous dirons donc également : *Tout ce qui est utile à la multiplication de cette espèce, à la variété de ses races et de ses individus, à la somme des biens dont ils peuvent jouir, est la loi morale de cette espèce ; tout ce qui.*

au contraire, tend à diminuer le nombre de ses représentants, la diversité de leurs aptitudes, la somme de leurs jouissances est, pour cette espèce, immoral; tout ce qui ne leur est ni utile ni nuisible lui est indifférent, bien que pouvant avoir dans l'ordre universel une fin utile.

Tel est donc l'inébranlable fondement de toute morale objective, rationnelle, universelle, permanente, supérieure même à tous les changements des formes de la vie, à toutes les variations des races et de leurs instincts, et pouvant servir de critère pour séparer de notre morale traditionnelle, empirique, héréditaire, ou spéculative et dogmatique, les éléments subjectifs irrationnels, qui ont pu s'enraciner ou se développer dans les consciences, comme conséquence des erreurs successives de nos jugements sur la nature de l'homme, de ses droits et de ses devoirs.

II

Existence objective du bien et du mal en quantités relatives variables.

Le bien et le mal existent donc réellement, objectivement dans le monde, bien qu'attributivement et non substantiellement. Ils existent comme rapports particuliers entre les êtres individuels, et, entre les collectivités spécifiques, comme rapports spéciaux, dont l'ensemble constitue un grand fait général, un rapport universel de tous les êtres entre eux : c'est le rapport de la somme totale du bien universel à la somme totale du mal universel, rapport indéfiniment variable avec ses deux termes.

Le bien et le mal existent dans le monde en quantité indéfinie, illimitée, se reproduisant et s'entredétruisant sans cesse; mais ils y existent en quantité très inégale. Cette inégalité, elle-même toujours variable, si l'on considère une partie limitée de l'ensemble des êtres sensibles et conscients, telles qu'une certaine espèce organique ou une certaine planète, se résume en une moyenne infinitésimale, si l'on totalise les sommes partielles, positives ou négatives, dans l'ensemble de l'univers pour en tirer un rapport unique.

Cette quantité relative du bien et du mal varie, en effet, pour chaque individu, dans chaque espèce, avec les phases diverses de sa vie, les conditions variables de son milieu, le hasard des circonstances, la résultante aveugle, appelée force des choses ou nécessité. C'est une variation sans loi et absolument désordonnée, si l'on considère chaque être en particulier, et qui ne se règle que dans la totalité des existences. Arriver à la soumettre à des règles, pour les individus eux-mêmes, serait le seul moyen d'en atténuer les écarts et de la ramener à une moyenne individuelle constante. Tel est dans l'humanité moderne, le but des institutions de mutualité dont l'avenir est immense, parce qu'elles seules peuvent corriger les caprices injustes du hasard aveugle.

De même, cette proportion du bien et du mal varie pour chaque espèce, dans l'échelle des êtres, aux diverses phases de son évolution, selon les milieux plus ou moins favorables qu'elle occupe, les causes qui développent ou atténuent ses énergies physiques et morales, la richesse de sa gamme passionnelle ou de ses activités psychiques et l'accord, plus ou moins parfait, de sa loi de conscience héréditaire avec le principe supérieur de la moralité objective, tel que nous venons de le formuler.

C'est ainsi, par exemple, qu'à l'époque secondaire, quand il n'existait encore que de faibles mammifères didelphes, les reptiles, qui représentaient alors les formes supérieures de l'organisation, traversaient une phase relativement heureuse, où ils n'eurent guère d'ennemis qu'eux-mêmes. Au contraire, l'époque tertiaire vint marquer le terme de leur développement, de leur domination presque absolue, et les réduire à un rang subordonné, en face de l'évolution des grands mammifères. Il en résulte que la loi morale de chacune de ces formes ne put être à l'époque défensive ce qu'elle était à l'époque offensive : tous les rapports étant changés dans leurs conditions de vie et de bonheur.

L'aperception du principe axiome de la moralité spécifique par les êtres supérieurs doués de volonté réfléchie, semble être le but et la fin de leur évolution intellectuelle; afin que leurs instincts, dirigés par ce principe, arrivent à le reconnaître comme une règle d'action et de conduite, et comme une limite à leur égoïsme individuel qui leur ordonne de réagir, dans une certaine mesure, contre le mal résultant pour tous de cet égoïsme, tant qu'il demeure illimité et sans frein. Mais cette règle est surtout nécessaire aux espèces, autrefois soumises à l'instinct reflexe, chez lesquels l'intelligence, en voie de développement, doit lutter contre le *dictamen* erroné de la conscience subjective héréditaire, et combattre ce hasard des choses qui résulte de l'aveugle concours de toutes les volontés individuelles, s'exerçant dans l'inconscience et l'inintelligence de l'intérêt spécifique, autant que des conditions du bien général et de l'ordre universel du monde.

L'humanité traverse une phase de transformation analogue. A peine affranchie de l'instinct et de ses fatalités reflexes, elle a perdu les lois héréditaires développées en elle par une longue période de sélection aveugle, et n'a pas acquis encore l'intelligence des vrais lois qui doivent gouverner sa volonté et ses mœurs, pour le plus grand bien de ses races et de ses autres collectivités sociales de divers degrés. Arriver à la connaissance de ces lois est pour elle, aujourd'hui, la première et la plus indispensable de ses conditions d'existence et de progrès.

Non seulement l'humanité sent qu'elle doit se gouverner librement elle-même, en vertu d'une loi dont elle ait l'intelligence complète, comme moyen adapté à un but; mais elle semble, plus encore, destinée à exercer sur tout l'ensemble de la vie organique terrestre une action à la fois dominatrice, régulatrice et protectrice, dont elle-même devra subir plus ou moins sévèrement les conséquences favorables ou fatales, selon qu'elle exercera collectivement cette action avec prévoyance et justice, ou, au contraire, laissera le champ libre aux instincts individuels, égoïstes et destructeurs. Il devient donc nécessaire qu'au-dessus même de la loi morale spécifique, l'humanité atteigne à la formule supérieure d'une loi morale universelle réglant les rapports des espèces vivantes entre elles et les conditions même du bien universel absolu.

L'humanité sur la terre, et peut-être d'autres organismes analogues, en chaque monde, semble appelée à jouer au milieu de l'ensemble de la vie organique, dont elle forme le terme supérieur, le rôle d'une volonté providentielle, pour acccroître sans cesse la somme totale du bien possible dans cet ensemble donné de formes et y diminuer la somme du mal, sous les conditions planétaires données. Elle devra ainsi subordonner volontairement sa propre morale spécifique à la formule supérieure de la loi morale universelle, de manière à réaliser la meilleure distribution possible des biens et des maux entre l'universalité des êtres conscients qui existent au-dessous d'elle, à augmenter la somme des jouissances à distribuer entre eux, à diminuer la somme des maux inévitables auxquels ils sont exposés, et peut-être à limiter le nombre des représentants de chacune des formes de l'existence, de façon à ce que la totalité des jouissances de chacun de leurs individus, moins la totalité de ses souffrances, donne toujours un reste positif aussi grand que possible. C'est en somme ce qu'elle fait déjà, mais maladroitement, sans règle et sans intelligence du but à atteindre, pour les espèces animales ou végétales qu'elle a domestiquées.

III

Le bien et le mal n'existent que par la conscience.

Le bien et le mal pourraient-ils ne pas exister?

Oui, s'il n'existait pas d'êtres sensibles et conscients; car, dès lors, n'étant pas sentis, ils ne pourraient avoir d'existence; puisque c'est la conscience que l'être en prend qui les fait être attributivement, mais objectivement, l'un et l'autre.

Sans existence objective, c'est-à-dire sans être sentis, ils n'en existeraient pas moins logiquement, à l'état de possibilités pures et théoriques, pouvant se réaliser dès qu'un être capable de sentir, c'est-à-dire de jouir ou de souffrir, viendrait à l'existence pour les expérimenter et les juger antithétiques l'un à l'autre.

Pour des êtres capables de penser sans être capables de sentir, supposant que de tels êtres ne fussent pas contradictoires, le bien et le mal pourraient rester ainsi à l'état de simples possibilités rationnelles. Pourtant, on ne voit pas comment, n'ayant jamais joui ou souffert, ils pourraient acquérir la notion tout empirique du bien et du mal. Car nul ne peut se faire une idée de la souffrance ou de la jouissance en autrui, qu'à condition d'avoir expérimenté, à quelque degré, des jouissances ou des souffrances analogues ou, tout au moins, d'en avoir, par sympathie, à l'occasion d'autrui, la révélation instinctive héréditaire : c'est-à-dire comme une prédisposition psycho-nerveuse à éprouver des émotions semblables.

De là le défaut de sympathie des natures viles et brutales pour les grandes souffrances morales dont les natures supérieures sont seules susceptibles. De là le peu de pitié qu'inspirent le froissement de certains instincts, parmi les plus élevés, de certains sentiments parmi les plus délicats, à ceux qui sont dépourvus de ces sentiments et de ces instincts, ou qui ont des instincts et des sentiments tout contraires. Ce sont des cordes qui ne peuvent vibrer sympathiquement dans la gamme passionnelle de certaines organisations, parce qu'elles y sont absentes. De là aussi cette cruauté froide, et cependant innocente, de l'enfant qui tourmente un animal sans avoir aucune conscience du mal qu'il lui fait, parce qu'il n'a pas l'idée d'un mal semblable; et qui, lorsqu'il le caresse ou le nourrit, le nourrit ou le caresse, surtout pour lui-même, par imitation des caresses ou des soins qu'il reçoit, ou parsuite de cette curiosité instinctive qui le pousse à expérimenter tous les objets nouveaux que lui offre la nature. Mais l'enfant qui n'a pas souffert, ou qui n'a pas gardé le souvenir des souffrances, inévitables dès sa naissance et fréquentes dans sa première enfance, qu'il a subies, n'a qu'une notion vague du bien et du mal en général, aussi bien du mal physique que du mal moral et du mal individuel, que du mal général, qui n'est que la généralisation abstraite des causes qui le multiplient chez les individus.

La notion du bien et du mal est donc, en chaque être conscient, proportionnelle à l'expérience qu'a pu en faire sa sensibilité propre, et à l'expérience des autres êtres analogues qu'il a vus souffrir et jouir par les mêmes causes ou qui lui ont communiqué leurs sensations par un moyen traditionnel quelconque. Dans l'humanité, et chez les autres espèces ayant la faculté du langage, l'expérience indirecte, ou plutôt la connaissance traditionnelle, joue dans la culture du sentiment éthique un rôle beaucoup plus important que l'expérience directe. Le sentiment éthique est donc d'autant plus vif, la notion du bien et du mal est d'autant plus étendue, plus compréhensive, chez un individu vivant, qu'il aura des sens plus nombreux ou plus dédéveloppés, des instincts plus variés, des sentiments plus élevés, une plus haute culture traditionnelle, une connaissance plus adéquate des rapports complexes des choses et des êtres entre eux et, en somme, avec une gamme passionnelle plus riche, une sensibilité plus vive, plus intense, plus délicate, ayant pour conséquence une faculté de jouir ou de souffrir de plus diverses manières, avec une plus grande vivacité.

On comprend, dès lors, que chez l'homme, la notion du bien et du mal aient une compréhension plus vaste que chez aucune espèce terrestre; et qu'à mesure que ses instincts sociaux se sont développés, il soit arrivé, plus ou moins vite, et d'autant plus vite, chez les races supérieures, que leur sociabilité a fait de plus rapides progrès, de la simple sensation de la jouissance et de la souffrance physiques, commune aux autres êtres, au sentiment moral du plaisir et de la douleur, et du bien et du mal individuel à la notion abstraite d'un bien et d'un mal général.

Mais, tandis que l'homme, encore au début de ses essais sociaux, n'a compris que l'intérêt de sa tribu, dans sa généralisation du bien et du mal; à mesure que sa sensibilité s'est élargie, il a étendu cette généralisation à sa cité, à sa nation, à sa race, considérant tout le reste de l'humanité comme une ennemie envers laquelle il n'était lié par aucune solidarité de sentiments et d'intérêts. Ce n'est guère que dans les temps modernes que le sentiment éthique d'un bien et d'un mal général, commun à toute l'espèce humaine, a germé dans les consciences, où il est encore bien loin d'avoir jeté des racines profondes. A peine enfin quelques esprits d'élite arrivent aujourd'hui à conclure, par extension logique, qu'il y a un bien et un mal général pour la nature animale tout entière, et, enfin, un bien et un mal général dans l'ordre entier du monde.

Mais aussitôt que cette notion d'un bien et d'un mal total dans l'ordre du monde se fait jour dans la conscience, elle a pour conséquence d'y provoquer une révision des essais plus ou moins informes de synthèse téléologique qui se sont produits, d'abord sous la forme de mythes et de dogmes religieux ou, plus tard, de philosophies, sous l'influence des généralisations éthiques, successives et toujours partielles, qui, si longtemps, n'ont pas dépassé les limites de l'espèce humaine, jusque-là considérée comme seule susceptible de moralité, ou même de sensibilité.

IV

La notion du bien et du mal dans la série organique.

A mesure qu'on descend la série des races humaines, on voit s'affaiblir, se rétrécir, par degrés insensibles, sous les formes variées dont l'imagination la revêt, cette notion synthétique du bien et du mal moral, en même temps que la notion corrélative abstraite d'un bien et d'un mal général, auxquels le bien et le mal particulier, soit physique, soit moral, doivent rester subordonnés. Elle s'affaiblit à mesure que la sociabilité se rétrécit, que les liens de famille se relâchent, que les passions affectives s'atténuent. Un peuple qui n'a pas dans sa langue de mot qui signifie *aimer*, n'en a pas non plus qui signifie *devoir*. C'est ce qui explique la confusion, si longtemps faite, entre les jouissances morales affectives, altruistes, comme on dit dans certaine école, qui peuvent être parfaitement individuelles et n'être qu'une expansion de l'égoïsme, et le bien général abstrait d'où naît le sentiment d'un devoir, d'un impératif catégorique, comme l'a nommé Kant, qui peut exiger de chaque individu le sacrifice, non seulement de ses jouissances physiques sensuelles, mais de ses joies morales et de ses affections.

Bien plus, la notion du bien et du mal général s'affaiblit, non seulement à mesure que s'atténuent les passions affectives et les instincts sociaux, mais encore à mesure que la sensibilité physique elle-même diminue, devient plus obtuse, plus vague, plus indifférente aux jouissances purement sensuelles, pour ne laisser dominer, chez l'être placé aux derniers degrés de l'échelle humaine, que les besoins purement biologiques de l'animal. Alors l'homme n'obéit qu'à la faim, à la soif, au rut sexuel, et à cette

12.

sorte d'amour-propre ou d'égoïsme orgueilleux de l'individualité, qui subsiste chez les espèces animales courageuses et féroces et qui se manifeste par les instincts guerriers ou la combativité, individuelle ou collective. A ce degré, tout se confond dans l'instinct héréditaire, et les actes, fatalement déterminés par des mobiles d'un ordre uniquement égoïste et sans contre-poids, se produisent avec la violence et l'inconscience des actes réflexes, sans ce choix délibéré et voulu sciemment qui constitue ce qu'on nomme la liberté.

En un mot, la conscience de l'homme civilisé est comme une balance pourvue de deux plateaux qui oscillent entre son bien égoïste et un bien collectif plus ou moins large, bien que finissant toujours par pencher du côté du poids le plus fort; la conscience de l'homme présocial tombe du côté du bien qu'il convoite, comme un corps sans contre-poids.

Nous verrons également que dans toute l'échelle animale la notion d'un bien collectif, seule capable d'équilibrer dans la conscience celle du bien égoïste, se manifeste seulement chez les diverses espèces animales, en raison de leur sociabilité; et que les sentiments affectifs ou passions morales, qui sont comme un premier degré plus restreint de la moralité, se développent également en raison directe du sentiment social et aussi de la sensibilité physique elle-même.

Ainsi, les degrés supérieurs de l'échelle animale nous offrent une sensibilité à la douleur et à la jouissance physique d'un degré presque égal à celui qu'elle atteint chez les représentants inférieurs de l'humanité. Si la notion du bien et du mal collectif semble y disparaître, au moins pour nos observations, impuissante à l'y constater, nous voyons cependant se conserver, dans chaque espèce, des instincts, se traduisant par des actes, qui prouvent l'existence d'une sympathie plus ou moins vive et d'une solidarité plus ou moins étroite, sinon entre tous les représentants d'une même espèce, du moins entre les membres d'une même famille, aussi longtemps surtout que les besoins de la progéniture l'exigent. Plus généralement, le développement de ces instincts affectifs de famille, se manifeste, dans chaque espèce, avec la conscience d'un bien et d'un mal collectif, généralisation abstraite du mal ou du bien égoïste, en raison directe de sa sociabilité, quels que soient d'ailleurs les accidents et les divergences de son organisation anatomique.

Sous ce rapport, les hyménoptères, parmi les articulés, marchent sur un rang presque égal à celui de l'humanité, parmi les vertébrés.

Ces deux termes extrêmes, constatés dans deux des séries animales les plus éloignées par leur plan organique, et qui ne semblent atteints dans aucune des autres séries intermédiaires, sont suivis, seulement de très loin, après un large hiatus, d'autres degrés inférieurs, très serrés, qui nous montrent la conscience égoïste, ou sensuelle, altruiste ou affective, collective ou sociale, c'est-à-dire réellement morale, à toutes ses phases d'évolution.

Chez les perroquets, il y a un instinct réel de sociabilité, traduit par l'existence de républiques dont les divers citoyens remplissent de véritables devoirs civils pour le bien de la communauté. Les uns font sentinelles pendant que d'autres vaquent à des soins différents. Parmi nos passereaux, aux cris d'un oiseau blessé les autres s'inquiètent, même entre espèces différentes. Tous les moineaux d'un jardin font rage quand le nid de l'un d'entre eux est menacé ou détruit par un chat; et le chat lui-même tend l'oreille aux miaulements de douleur d'un autre chat. De même aux aboiements d'un chien, à ses hurlements, les autres répondent en hurlant ou aboyant.

Ces instincts si vivants, à l'état sauvage, semblent pourtant s'atténuer à l'état domestique, comme l'a si bien fait remarquer M. Houzeau de Lehaie dans son remarquable livre de psychologie comparée [1].

C'est ainsi, du reste, qu'on voit des nègres esclaves ne plus même sembler prêter attention aux cris de ceux d'entre eux qu'on châtie, comme s'ils comprenaient que leur impuissante pitié n'aurait d'autre effet que de leur faire courir à eux-mêmes des périls inutiles.

Tous ces instincts, ou du moins les actes qui

---

[1] *Études sur les facultés mentales des animaux comparées avec celles de l'homme*, Hector Manceaux, Mons, 1872.

nous permettent d'affirmer leur existence, disparaissent à mesure qu'on descend l'échelle animale. Ils disparaissent, avec la faculté du cri, avec la voix : c'est-à-dire avec le seul moyen qu'aient les êtres organisés sur le type vertébré de se communiquer à distance leurs sensations, et, par conséquent, de se témoigner entre eux comme un germe de solidarité spécifique.

Mais chez les animaux d'un autre type, tels que les articulés, on peut surprendre les traces de phénomènes analogues se produisant en des conditions très diverses. Ici encore ce sont parfois des bruits accessibles à notre oreille, bien que produits par des organes différents, qui servent de langage spécifique. Chez les représentants supérieurs de ce type, les hyménoptères, les abeilles sociales ont certainement un langage, des moyens de se communiquer, non seulement leurs émotions passionnelles, mais leurs résolutions individuelles ou collectives en face du danger privé ou public qui les menace. Qu'il s'agisse d'essaimer ou de prendre un parti entre deux reines rivales, il faut qu'il y ait concert, entente possible des volontés, échange des émotions, des affections, sinon des opinions. Toutes ces facultés doivent exister à un moindre degré chez les guêpes, et chez les mellifères d'ordre inférieur ; bien que, chez plusieurs espèces, la sociabilité diminue et se rétrécisse à n'être plus guère que l'instinct familial.

Quant aux fourmis, chez lesquelles aucun bruit, perceptible pour nous, ne se fait entendre, il ne saurait être douteux, pour qui les observe, que leurs antennes, peut-être même leurs pattes antérieures, ne soient l'organe d'un langage télégraphique qui leur sert à se communiquer leurs sensations, leurs résolutions, peut-être des idées-images, et des notions descriptives de lieux ou de temps; quand il leur faut parer au danger qui menace leur cité ou ses colonies, accomplir un travail collectif utile à leur république ou à ses pupilles. Qui les a vu fermer les issues de leur fourmilière chaque soir ou aux approches d'un orage, se mettre à plusieurs pour traîner un fêtu ou un cadavre d'insecte, un corps nuisible ou inconnu, qui semble, d'abord, exciter leur curiosité, leur étonnement, puis, selon les cas, leur dédain ou leur inquiétude;

qui a été témoin de l'activité intelligente qu'elles déploient pour réparer le désordre causé à leur cité, et profiter, en ce cas, des obstacles mêmes qu'on offre à leur travail, ne saurait admettre, en les voyant si bien adapter leurs facutés à des fins si variables, si imprévues, que leurs instincts sociaux, si variés, si flexibles, ne soient pas servis par une intelligence très vive des moyens à employer pour atteindre un but défini, dont une volonté consciente, déterminée par des motifs passionnels plus ou moins violents, et par des jugements très logiques, peut seule avoir conçu l'utilité ou la nécessité.

Chez toutes les hyménoptères, par conséquent, à la notion, certainement très vive, du bien et du mal physique individuel, doit se joindre une notion, non moins nette et très passionnée, du bien ou du mal moral, social ou collectif, sinon déjà du bien et du mal spécifique. Car si les fourmis d'une même fourmilière, ou les abeilles d'un même essaim montrent entre elles une étroite solidarité, que pourraient leur envier bien des sociétés humaines; entre fourmilières de même espèce, comme entre essaims rivaux, cette solidarité cesse pour faire place à des luttes acharnées, qui ne sont comparables qu'à nos guerres nationales ou civiles. C'est le même emportement agressif, la même persévérance défensive, les mêmes phases de découragement ou d'audace, la même cruauté envers les vaincus, les mêmes intermittences dans les hostilités, que suspendent les mêmes trèves. On dirait qu'il existe les mêmes rancunes, comme aussi la même inégalité dans les courages, la même variété dans les tempéraments, la même division dans les fonctions. Elles ont, comme nous, des héros qui combattent aux premiers rangs et des lâches qui se rangent à l'écart et fuient. Elles ont des médecins ambulanciers pour les blessés, des fournisseurs de vivres et des valets d'armée qui, moins que les nôtres peut-être, savent profiter des malheurs publics ; et des citoyens pacifiques qui vaquent aux travaux urbains, des esclaves domestiques qui assistent à la lutte, sans paraître se soucier du résultat.

Mais dans la classe même des fourmis et, plus encore, si l'on descend la série des articulés, on voit diminuer, s'affaiblir, disparaître successivement, avec cette variété d'instincts sociaux qui, tous, concourent au bien commun, la notion abstraite du bien et du mal social; puis, avec les instincts de famille, les sentiments affectifs et les dernières traces du dévouement.

Quand la reproduction, en quelque sorte spontanée et reflexe, ne rapproche plus les sexes que pour l'instant de la fécondation ; que même les femelles après la ponte, n'ont plus besoin de prendre souci d'une progéniture qui ne les connaîtra jamais comme mères, le sentiment du bien et du mal physique individuel subsiste seul, avec les besoins purement physiologiques, et bientôt subsiste sans prévoyance, comme sans crainte. L'articulé inférieur, cependant, capable encore de jouir ou de souffrir, subit passivement la jouissance ou la souffrance, sans réagir contre leurs agents pour fuir l'une ou chercher l'autre. Toutefois, ses contractions, sous l'impression de la douleur physique, prouvent qu'il la ressent encore, si rien dans ses mouvements ne trahit à l'extérieur son aptitude à ressentir la joie.

Tout paraît enfin s'effacer au dernier degré de l'échelle animale, chez certains mollusques ou rayonnés, et plus encore chez les infusoires, où la contractilité des tissus semble devenir une sorte d'effet reflexe, purement local, des contacts et des excitations vibratoires des agents physico-chimiques.

Néanmoins, même à ce rang infime de l'organisation, nous ne sommes pas en droit d'affirmer qu'à un degré au moins rudimentaire la sensibilité purement physique, étroitement localisée, et accompagnée, dans sa localisation aux parties excitées de l'organisme, d'une sensation de peine ou de plaisir, ait complètement disparu. Tout ce que nous sommes autorisés à admettre, c'est que la vivacité de la sensation est de plus en plus atténuée, indistincte, vague; que, de plus en plus, la confusion se fait entre les sensations, pour nous si diverses, du choc, de la pression, de la chaleur, du froid et de la douleur désorganisatrice; que l'écart possible entre l'extrême souffrance et l'extrême jouissance, entre le plaisir et la peine, entre la privation et la satisfaction est considérablement diminué, et, dans les derniers degrés de la vie, oscille autour d'une sorte d'aperception neutre d'un simple contact inoffensif ou d'un vide relatif indifférent, qui peut être considérée comme voisin du zéro théorique de la sensation, atteint seulement chez l'être élémentaire simple.

Dans le végétal, chez lequel aucun mouvement autonome ne trahit l'existence d'une volonté individuelle, consciente et centrale de l'être vivant total; où la contractilité des tissus disparaît elle-même, sauf en quelques cas spéciaux très rares; rien ne nous prouve que chaque segment végétatif, chaque bourgeon, peut-être chaque feuille, chaque cellule, ne soit pas un être individuel, doué d'une conscience rudimentaire et d'une sensibilité vague et sourde qui le rend capable d'un minimum de peine ou de plaisir; sans que ces sensations soient assez vives pour déterminer, dans cette conscience infinitésimale, le besoin et, par suite, la volonté de réagir contre cette sensation pour la prolonger, la chercher ou la fuir.

Ici donc, sans rien affirmer, au moins quant à présent, devons-nous suspendre notre jugement et reconnaître que, si nous n'avons aucune preuve directe et positive de l'absence de sensibilité chez les plantes, si tous les arguments invoqués jusqu'ici sont négatifs et ne prouvent pas, il y a, au contraire, quelque probabilité, analogique et logique, que cette sensibilité existe à un degré quelconque, mais avec une intensité et sous des modes si différents de ceux qu'affecte notre sensibilité, que notre imagination défaille à nous en fournir une idée même approximative.

Du reste, s'il était admis que la matière inorganique participe à toutes les facultés qui, dans les formes supérieures hiérarchiques, deviennent sensation, pensée, volonté ; qu'elle les possède à l'état virtuel, et que ce sont les puissances psychiques des éléments matériels qui constituent, par leur aggrégation, la Φυχὴ centralisée de toutes les individualités organiques collectives, il en résulterait, *a fortiori*, que l'élément végétatif individuel doit lui-même participer à cette nature psychique de la matière en général.

Ce qui est certain, c'est que le règne inorganique est en réalité régi par les mêmes lois que le règne organique, et présente tous les mêmes phénomènes physiques, moins celui de la vie, dont le comment, ou la loi, nous échappe encore.

En retour, si le règne inorganique présente des phénomènes d'un ordre différent, parfois contraires, qui lui sont propres, ces phénomènes n'indiquent pas moins de spontanéité dans les éléments de ses aggrégats que dans les éléments des tissus organiques. Nos cristaux, nos oxydes, nos acides, nos sels, se font eux-mêmes, aussi bien que les tissus des plantes et des animaux, dès que les conditions de leur production se trouvent réalisées, et en vertu de leurs forces et propriétés internes. Il y a donc chez leurs éléments de la spontanéité, de l'autonomie, tout aussi bien que dans les éléments organiques. Pourquoi donc dans la molécule chimique n'existerait-il pas aussi un commencement de centralisation collective de la conscience ? Pourquoi l'atome lui-même ne serait-il pas l'unité individuelle élémentaire, possédant virtuellement, à son degré le plus inférieur, mais à un degré irréductible, et, en quelque sorte, à l'état latent, les facultés de sentir, connaître, juger, vouloir, qui, dans les organismes collectifs, se manifestent par des activités et des énergies supérieures ? La constitution de l'atome, d'abord en molécules plus complexes, puis en cellules vivantes, et, enfin, en êtres hiérarchisés de plus en plus centralisés, se comprendrait alors comme le procédé de la nature pour faire passer les virtualités psychiques, latentes dans la matière, à un état patent et actuel, de plus en plus individualisé, à mesure que s'élèverait, dans chaque monde, la série ramifiée des organismes vivants ?

Si une telle hypothèse contrarie certaines habitudes d'esprit, et peut sembler étrange à la routine métaphysique, elle ne soulève contre elle aucun argument logique, ne heurte aucun fait physique connu, et permet, au contraire, de résoudre toutes les contradictions du dualisme et toutes les antinomies de l'entendement, sur les rapports, impossibles à concevoir, de la substance pensante, supposée sans étendue et nommée esprit, avec la substance étendue, supposée non pensante et nommée matière. Seule, enfin, elle peut répondre à cette question que la raison, arrêtée devant ces contradictions, se pose fatalement : Pourquoi de la matière, et pourquoi de l'esprit, si leur alliance est si impossible, si leur action mutuelle est si inexplicable, si l'esprit n'est qu'un embarras pour la matière et la matière un obstacle pour l'esprit, au point de vue éthique et téléologique? Mais si, au contraire, toute matière est esprit et tout esprit matière; si de leur union intime, de leur identité substantielle résulte le principe même de la vie; tout s'explique, toute contradiction disparaît : la logique triomphe.

Or, aucun philosophe de bon sens n'admettra jamais que les lois logiques de l'entendement ne correspondent pas aux réalités de l'être et ne soient que des formes trompeuses de notre esprit ayant pour résultat, sinon pour fin, de nous mentir sur les lois du monde.

V

La notion du bien et du mal se développe, avec la concentration nerveuse et psychique, chez l'individu, et, avec la sociabilité, chez l'espèce.

S'il y a quelque chose d'évident, c'est que la faculté physique et morale de jouir et de souffrir croît, dans toute la série des êtres organisés, avec la centralisation hiérarchique et comme elle; qu'elle augmente en intensité et en variété avec la localisation organique, la division des fonctions, la complexité des organes et de leurs tissus; avec la multiplicité et la perfection des sens, les ramifications plus nombreuses et plus déliées du système fibro-nerveux et la subordination de plus en plus complète de ses centres à un seul; avec le volume de ce centre capital, relativement, soit au volume des centres secondaires, soit au volume total du corps; avec la complication de ses circonvolutions cérébrales, qui semblent n'avoir pour fin que d'en multiplier la surface sous un moindre volume total; enfin, avec la diversité, en quelque sorte concomitante de la complication des plis cérébraux, des besoins, des instincts, des sentiments, des passions, spécifiques ou individuelles, qui croissent en variété, en intensité, comme l'activité intellectuelle et la puissance morale de jugement et de choix entre des mobiles d'action plus nombreux, plus inégaux et plus divergeants.

Nous avons déjà vu que les hyménoptères, chez les articulés, et l'homme, chez les vertébrés, occupent dans cette série, immensément ramifiée et, en quelque sorte, arborescente, deux cimes sans rivales chez les autres types terrestres; mais qui peuvent être considérées comme presque rivales entre elles; bien que l'homme civilisé semble pourtant l'emporter sur la fourmi, arrivée, plusieurs périodes géologiques avant lui, à son plein développement social, et qui, certainement aujourd'hui, bien que peut-être déjà en décadence, dépasse le niveau moral de la plupart des races humaines sauvages, encore vivantes.

Mais entre ces formes, si évidemment supérieures de la vie et si certainement douées à un très haut degré d'intelligence et de moralité, en même temps que de sensibilité et de conscience, et les formes organiques les plus inférieures, la double série zoologique est si continue ; tous les degrés possibles, admettant toutes les variétés d'instincts et toutes les combinaisons de formes, en sont si bien représentés ; les rangs des égaux, des équivalents sont si serrés ; ils suivent de si près les rangs immédiatement supérieurs et sont suivis si immédiatement d'autres rangs à peine inférieurs, que nul ne saurait indiquer, nulle part, l'hiatus où disparaît toute moralité, toute intelligence, puis toute réaction volontaire ou instinctive contre les souffrances, et, enfin, toute sensibilité purement passive.

Tout ce qu'on peut admettre, c'est que le sentiment du mal collectif, généralisation abstraite du bien et du mal individuel, moral ou physique, ne paraît se développer que chez les espèces sociales, et en raison de leur sociabilité, avec elle et sans doute par elle; qu'il reste à l'état rudimentaire chez les espèces où la famille se constitue pour un temps plus ou moins long; que, chez ces espèces, il tend à être remplacé par les sentiments affectifs, dits sentiments moraux, qui ne sont qu'une expansion altruiste de l'égoïsme individuel; et qu'enfin ceux-ci mêmes disparaissent totalement chez les espèces insociables, dont les individus vivent dans un isolement absolu les uns des autres et sont rivaux, sans même se reconnaître pour tels.

Les sentiments affectifs, fondement premier de la famille, et source des peines et des plaisirs moraux, doivent être le résultat héréditaire de la vie de relation sexuelle; comme le sentiment collectif, résulte de la vie de relation générale, qui implique la possibilité d'une communication, d'un échange plus ou moins complet, s'opérant, par un moyen quelconque, des sensations, des émotions et des volitions éprouvées par les individus associés dans un même groupe par des intérêts devenus communs.

Où finissent les relations durables de famille, c'est-à-dire les premiers rudiments d'une sensibilité quelconque, les sentiments affectifs ne semblent plus pouvoir exister et, à plus forte raison, les sentiments collectifs, car on ne leur voit plus ni l'occasion de naître, ni les moyens de se développer. L'animal comme l'enfant humain, avant toute expérience, toute tradition, tout échange d'idée ou de sensations par le langage, n'est plus susceptible que de la notion, directement expérimentale et tout égoïste, du bien et du mal physique individuel. Mais si les sentiments affectifs, dérivés des relations de famille, ont pu devenir une source de plaisirs et de peines morales, où l'égoïsme trouve son compte, **par suite du développement et de la fixation héréditaire de nouveaux instincts et de passions d'un ordre plus élevé; et si ces instincts et ces passions ont pu se développer par l'action sélective, dans les races où ils se manifestent, pour assurer mieux, par des satisfactions égoïstes, l'accomplissement de fonctions et de devoirs utiles au bien de l'espèce, en détruisant à leur aide l'antinomie du bien particulier et du bien** général ; on peut admettre que, chez toute espèce sociale, au fur et à mesure du développement de sa sociabilité, les devoirs collectifs imposés par l'utilité générale, peuvent également devenir la source d'instincts nouveaux, de passions encore supérieures, qui feront de l'accomplissement de ces devoirs une source nouvelle de peines et de plaisirs plus intenses. Ces jouissances aideront ainsi à faire disparaître l'antinomie qui existe encore entre le bien particulier et le bien familial, d'un côté, et le bien spécifique général de l'autre.

L'humanité traverse évidemment cette phase de transformation où, les devoirs de famille étant déjà une source de peines et de joies morales pour les individus, ceux-ci commencent à trouver également plaisir dans l'accomplissement de leurs devoirs collectifs, sociaux ou spécifiques, et une source de souffrance dans le sentiment que ces devoirs sont négligés, soit par les autres, soit par eux-mêmes. Cette évolution, dans la conscience, de la notion du bien et du mal individuel, qui tend à l'identifier au bien et au mal collectif, est peut-être le fait le plus frappant, le plus remarquable et le plus consolant de toute l'histoire, au point de vue téléologique; car il fait prévoir le moment où, toute antinomie entre le devoir collectif et l'intérêt égoïste disparaissant, chaque membre de la collectivité humaine trouvera dans l'accomplissement de ce devoir un plaisir d'ordre supérieur qui lui rendra léger le sacrifice des plaisirs, affectifs ou égoïstes, que l'intérêt plus général de l'espèce peut commander, soit à la famille, soit à l'individu.

Ces conséquences ressortent si évidemment de la loi d'évolution par sélection naturelle que quiconque adoptera celle-ci, sera conduit, par cette nécessité logique inévitable, à les en déduire.

VI

Le sentiment du mal se manifeste plus vivement que celui du bien.

Il peut paraître étrange que l'intensité de la sensation ou du sentiment du mal, ainsi que de la souffrance qui en résulte, au moral comme au physique, et tant au point de vue individuel qu'au point de vue collectif, semble croître plus vite et se manifester extérieurement par des actes avec plus de vivacité, que la sensation ou le sentiment contraire du bien et du plaisir qu'il fait éprouver.

Tout être fuit un péril physique en vertu de mouvements réflexes spontanés, plus rapides et plus violents que ceux qui sont déterminés par la recherche du plaisir. Chez tous, la privation d'une jouissance est plus douloureusement ressentie que la satisfaction d'un besoin, même impérieux, ne cause de joie. Et, à mesure que l'individu se développe, que les formes spécifiques s'élèvent, le plaisir semble s'atténuer, la douleur devenir plus intense : les causes physiques, biologiques et morales de l'une et de l'autre restant les mêmes.

On ne retrouve plus rien des joies, des rires, des jeux de l'enfant chez l'adulte et encore moins chez le vieillard. Jamais un succès, un triomphe, la satisfaction du désir le plus violent, ne cause chez l'homme cette ivresse de bonheur que le don d'un jouet, espéré ou inattendu, cause à l'enfant. Jamais le gourmet civilisé n'éprouve, après le repas le plus fin, le contentement bruyant du sauvage qui vient simplement de repaître sa faim aux dépens d'une carcasse de baleine en corruption.

N'y a-t-il pas là quelque chose de profondément triste et d'amèrement décourageant ? Serait-il vrai que tous nos progrès organiques et sociaux n'auraient pour effet que de diminuer pour nous, sinon la somme totale du bien dont nous pouvons jouir, du moins, sa valeur subjective de jouissance, la seule qui soit réelle, puisque c'est la seule qui soit sentie? Ou bien ne jugeons-nous subjectivement les jouissances que par comparaison avec des souffrances et des privations plus ou moins récemment éprouvées et plus ou moins sévères; de sorte que la privation même serait nécessaire à la satisfaction et que celle-ci lui devrait en partie son intensité, mais n'aurait, en quelque sorte par elle-même, aucune valeur absolue?

Ce qui rend probable que la valeur du bien physique, est corrélative de celle du mal, c'est qu'un gourmet blasé par de copieux repas, quotidiennement répétés, n'en jouit plus, arrive à la satiété, ne peut plus être excité que par des combinaisons nouvelles de mets, non plus savoureux, mais plus épicés, qui raniment ses sensations éteintes par la fatigue. Que ce même gourmet subisse seulement des privations analogues à celles que les Parisiens ont supportées durant le siège de 1870, et aussitôt le simple morceau de fromage de qualité douteuse, qu'il eut repoussé avec dégoût quelques mois auparavant, lui causera la sensation la plus agréable. En somme, les privations éprouvées par la population de Paris n'ont pas dépassé celles qui sont imposées à beaucoup de populations sauvages, en temps ordinaire ou à des époques périodiques, et elles ont été bien plus vivement senties, parce qu'elles étaient bien plus contraires aux habitudes de la race. Il en est de même des émotions morales ou intellectuelles. Le spectacle d'un drame, sur l'un de nos grands théâtres, impressionne vivement le jeune homme, la jeune femme qu'on y conduit pour la première fois. Ils sont charmés, ravis des beautés esthétiques des caractères tracés, du talent plastique des acteurs, des harmonies littéraires du langage; tandis qu'à côté d'eux, le critique, habitué des premières représentations, n'éprouve qu'un froid ennui et trouve l'œuvre à peine médiocre pour le fond ou la forme.

D'un autre côté, pourtant, un certain degré d'éducation des sens et de l'esprit est nécessaire à l'être sensitif pour le rendre capable de certaines jouissances et leur donner toute leur intensité. J'ai vu un paysan du Maine ne savoir se débarrasser sans impolitesse d'un morceau de chocolat, qu'on lui avait fait goûter et que son gosier se refusait à avaler, tant la sensation qu'il lui causait lui paraissait répugnante; mais le même paysan, un moment après, avec sa fille, absorbait presque quatre kilos de viande, rôtie ou bouillie, sans en paraître incommodé. La première fois qu'un provincial, même cultivé, assiste à la représentation d'un opéra, il est séduit par les décors, la lumière, les costumes des acteurs, le luxe de la salle et des spectateurs eux-mêmes; mais la musique n'est pour lui qu'un bruit dont l'intensité continue le fait souffrir, sans qu'il soit touché de ses qualités mélodiques ou harmoniques. Un simple paysan ne serait même plus tenté d'y revenir; le provincial y retourne, mais peut-être par ostentation mondaine, ou conduit par l'attrait des sensations visuelles d'ordre inférieur qu'il y a goûté. Après quelques représentations seulement, son oreille, mieux faite aux intensités excessives des vibrations sonores, commencera à les distinguer et à en apprécier les beautés. Plus il réitérera fréquemment l'expérience, plus son plaisir deviendra vif, jusqu'au moment où la satiété, au contraire, commencera son œuvre d'atténuation de la sensibilité physique et esthétique.

On aperçoit donc une sorte de finalité intelligente dans cette loi qui veut que la sensibilité ne s'exerce que dans certaines limites moyennes, adaptées aux besoins particuliers et aux facultés sensorielles et psychiques de chaque individu. De sorte que, s'il reste en deçà de cette limite de ses facultés et de ses besoins, il éprouve à les satisfaire et à les exercer une jouissance d'autant plus vive; tandis que, s'il va au delà, la jouissance même s'atténue, pour faire place à la fatigue et à l'épuisement de la sensibilité et de la jouissance. On retrouve donc là cette **loi de sage modération**, où les plus anciens moralistes ont cherché la règle pratique de la suprême sagesse, qu'ils ont exprimé par cet adage : RIEN DE TROP.

Nous verrons tout à l'heure une conséquence encore bien plus sévère de cette loi dans ce fait que l'expérience, d'abord sans plaisir, de jouissances qui dépassent les limites des facultés, chez l'être humain, en font peu à peu naître le besoin, qui apporte, avec lui, la privation et la douleur, dès qu'il cesse d'être satisfait. L'acquisition trop rapide de nouveaux besoins, de plus en plus variés et de plus en plus intenses, peut ainsi dévoyer et affoler l'instinct, jusqu'à une sorte d'insatiabilité maladive qui surmène le système nerveux, conduit à l'oubli de tous les sentiments moraux, affectifs et sociaux, et, fréquemment, dans nos sociétés modernes, aboutit à des altérations pathologiques des centres nerveux et jusqu'à la folie.

QUATRIÈME PARTIE

LA LOI DU BONHEUR ET SON ANTINOMIE

I

La loi du bonheur et son antinomie.

D'après tout ce qui précède, nous pouvons formuler la loi du bonheur ou du souverain bien individuel.

Le souverain bien, ou bonheur absolu, consiste, pour chaque individu, dans l'équilibre parfait de ses besoins sentis avec la possibilité de les satisfaire.

Mais, d'un autre côté, nos observations analytiques sur la vivacité relative de la jouissance ont abouti à démontrer l'existence d'une antinomie à cette loi, qui semble triste et décourageante, mais qui n'est que trop évidente : c'est que, *dans toute la série des êtres organisés, les besoins croissent plus vite que la possibilité de les satisfaire.*

Cette loi fatale est vraie pour chaque individu, à travers les phases de son évolution individuelle ; comme pour chaque espèce, dans son évolution spécifique ; comme pour la série entière des êtres organisés, suivant les degrés successifs de leur sensibilité progressive et de leur complication organique.

L'enfant a peu de besoins, aisément satisfaits. De la nourriture, du sommeil, de la chaleur, de la lumière ; autour de lui du mouvement qui l'excite, de la gaieté qu'il partage ; et il est heureux, à moins qu'une douleur physique ne vienne troubler sa quiétude.

Les besoins des peuples sauvages sont fort analogues à ceux de l'enfant, sauf la satisfaction de quelques instincts violents qui ne tardent pas à se développer d'une manière analogue dans la première jeunesse de tous les hommes.

Ces mêmes besoins de l'enfant et du sauvage subsistent encore chez les animaux supérieurs et s'atténuent à mesure que l'on descend les degrés de la série.

Chez l'adulte, au contraire, les besoins croissent rapidement avec l'âge ; comme avec la sociabilité, l'intelligence, la culture de l'esprit ; avec les sentiments affectifs et collectifs ; avec l'amour-propre et toutes ses variétés : orgueil, fierté, vanité, susceptibilité, jalousie, envie, ambition, qui se mêlent en quelque proportion à toutes les jouissances de l'être social et constituent, avec ses plus vifs plaisirs, ses peines morales les plus intenses, ses plus insatiables désirs, ses déceptions les plus amères.

Serait-il donc vrai que chez l'adulte civilisé surtout, la somme des biens et des maux donnerait la moindre résultante possible de bonheur, cette résultante devant se déduire d'une grosse somme de jouissances, équilibrée par une somme totale de privations encore plus considérable ?

Il est trop certain qu'à mesure que la civilisation se développe, et surtout lorsque ses développements sont rapides, nos races supérieures souffrent beaucoup plus de privations qui ne seraient pas même ressenties par des peuples sauvages, qu'elles ne jouissent des biens qui leur sont devenus nécessaires et qui ne seraient pas même appréciés par des races qui, loin d'en avoir acquis l'habitude, n'en ont ni l'expérience, ni le désir, ni même l'idée.

C'est pourquoi une famille, autrefois riche, souffre beaucoup plus de la pauvreté relative à laquelle elle se trouve tout à coup réduite, qu'une famille qui, ayant toujours été pauvre, est restée en réalité plus pauvre que la première ne l'est devenue. L'enfant sorti de nos classes supérieures, qu'un hasard du sort, un revers de fortune, la perte de ses parents, rejette dans les rangs sociaux inférieurs, conserve en lui des instincts, héréditaires ou déjà acquis, que de nouvelles habitudes, péniblement prises, ne domptent et ne corrigent jamais complètement. Il éprouve des besoins inconnus à ceux dont il est devenu l'égal, des privations instinctives que ceux-ci ne ressentent point, des aspirations vers un mieux qui ne lui laissent pas même la jouissance du bien dont il dispose et qui le condamnent à un état constant d'ennui, d'inassouvissement et de mal-être.

Un fils de roi n'est satisfait que s'il règne : toute l'histoire le démontre. Les Turcs, en condamnant à mort tous les frères de l'héritier du trône, n'ont fait, semble-t-il, que consacrer cette loi, en prenant la seule voie possible, quelque cruelle qu'elle paraisse, d'assurer la paix, la stabilité de chaque règne, d'éviter les compétitions des cadets et les discordes civiles qu'elles suscitent. De même, chez les abeilles, une seule reine peut vivre dans chaque ruche ; les autres doivent périr ou émigrer.

En effet, l'habitude héréditaire, ou acquise pendant la première enfance, crée très réellement une nature ethnique spéciale, à laquelle l'individu ne peut déroger sans souffrances plus ou moins vives, sans de cruelles luttes contre ses instincts, sans de profondes révoltes de passions intimes, mais intenses, dont il peut longtemps ignorer l'objet. Mais au moment où cet objet, se présente à son expérience ou à son imagination, il provoque en lui une violence de désirs, une impatience de la jouissance qui, étouffant tous les autres mobiles d'action, peut le conduire au crime ou à la folie.

14.

Que d'enfants naturels, déclarés sans père connu, que d'adultérins secrets ont ainsi peuplé les bagnes, à la première ou même à la seconde génération, par la fatalité de ces naissances hybrides qui sont encore plus bâtardes selon la nature que selon la loi ; parce qu'elles sont le fruit de deux êtres inégaux, différents de race, d'instinct, d'innéité passionnelle, qui ne peuvent donner que des produits doués d'une résultante psychique mal équilibrée pour les conditions de vie que leur fait la société.

S'il était possible de scruter les généalogies vraies, sous la filiation factice que détermine la loi, on verrait, souvent, chez un criminel, le fruit de deux hybrides sociaux, reproduisant les passions et les besoins, avec les vices et les vertus, de ses aïeuls de haute classe. Si, dans une situation inférieure, il cède aux fatalités de sa nature, qui le rendent impropre aux devoirs sociaux que lui impose sa filiation légale, c'est qu'une résultante fatale d'hérédités convergeantes le condamne à une invincible paresse et à d'inassouvissables envies.

Si, de tous temps, les mœurs ont condamné ces

mésalliances, qui ont toujours fait le désespoir des familles et quelquefois leur honte, c'est qu'en réalité, elles peuvent avoir les effets les plus funestes sur l'équilibre psychique des enfants qui en naissent. Il y a mésalliance ou hybridité sociale, toutes les fois qu'à l'accord purement physique des sens ne se joint pas, chez les époux ou amants, l'accord des instincts moraux et intellectuels; l'identité de race, d'éducation, d'habitudes ethniques; l'analogie harmonique des penchants, des passions, des besoins, des sentiments esthétiques et affectifs, et, dans la conscience, une notion du devoir étroitement corrélative à tout cet ensemble.

La vraie mésalliance, selon la nature, est donc indépendante des conditions de la fortune, mais non des conditions de race, d'éducation, de culture de l'esprit ou même des sens. Il n'y aura pas mésalliance entre nobles d'hier et bourgeois urbains d'aujourd'hui; tandis qu'elle pourrait être profonde entre les parvenues de la veille et les descendants orgueilleux des barons féodaux du moyen âge, si, déjà bien des fois, ceux-ci n'avaient croisé de bourgeoisie leur vieille souche, apauvrie et épuisée, dont des éléments plus robustes peuvent ainsi dominer aisément les forces ataviques. Mais la mésalliance existe surtout entre les populations dès longtemps accoutumées aux délicatesses de la vie urbaine et les vieilles familles rurales de nos campagnes, faites à de tout autres conditions de vies.

En toutes ces unions, c'est la généalogie naturelle, si difficile à établir, surtout au delà du premier degré, qu'il faudrait pouvoir consulter, non une généalogie légale souvent menteuse. C'est pourquoi la plus urgente des réformes à accomplir dans nos lois civiles, c'est la révision totale du titre qui concerne la filiation et la paternité. Il ne faut pas qu'une famille honnête reste exposée à croiser ses représentants avec les descendants d'un escroc, d'un faussaire, d'un assassin, pas plus qu'avec les enfants d'un phthisique ou d'un fou. Il n'est pas bon qu'un fils de paysan, parvenu à la richesse, mais non pas à la culture de l'esprit et des mœurs, épouse une fille des vieilles civilisations urbaines. Car non seulement le désaccord des instincts rendra la vie commune difficile entre eux, mais il en pourra résulter chez les enfants un fâcheux équilibre psychique. Le croisement inverse aurait les mêmes effets, et de plus fâcheux encore; l'hérédité atavique lointaine étant plus forte chez la femme que chez l'homme.

A plus forte raison, tout métissage entre races, si non différentes et équivalentes, du moins inégales en sociabilité et en moralité, ne peut-il donner que des résultats funestes, quant à la gamme passionnelle et instinctive de ses produits. Il ne faut pas chercher ailleurs la raison de l'instabilité sociale et morale de ces nations de l'Amérique centrale ou méridionale, si profondément mélangées d'éléments ethniques inégaux et discordants. Ce n'est nullement le degré d'intelligence qui, en général, est abaissé dans ces produits hybrides; c'est l'échelle des passions, des instincts, des motifs déterminants d'action; c'est le niveau de la moralité, enfin, où prédomine exclusivement un égoïsme puissant, insuffisamment contrebalancé par les sentiments affectifs, et surtout sociaux, et qui entraîne la volonté avec la puissance des actions reflexes, mais avec d'autant plus de sûreté qu'une intelligence plus active et plus cultivée la dirige dans le choix des moyens pour atteindre le but voulu. Les races métisses peuvent donc être très intelligentes; mais elles n'en sont alors que plus immorales. Chez elles on ne voit se manifester qu'une ardeur de jouissance sans frein, des ambitions, des cupidités sans règles, l'impatience de toute loi, de toutes limites à leur égoïsme tyrannique et capricieux. De sorte qu'on pourrait caractériser leurs représentants, en retournant la définition de l'homme par de Bonald et dire d'eux : ce sont des intelligences au service de leurs organes.

Quelle que soit d'ailleurs l'innéité d'un être humain et le rang social auquel il soit parvenu, quelques jouissances que puissent lui procurer le nom, la fortune, la science, le talent, le génie, les hasards de la vie servant son ambition, toujours il arrivera au bout de sa puissance de jouir avant d'atteindre au bout de ses désirs. Chaque satisfaction d'un besoin développera en lui le germe d'un besoin nouveau, la curiosité insatiable d'autres manières d'être heureux qui sera une source de douleurs, s'il ne peut y satisfaire.

Or, si le mal est la douleur sentie, la privation éprouvée; si le bien est la satisfaction du besoin, la cessation de la privation, l'être qui aura le moins de besoins aura chance d'être le plus heureux. Celui qui aura les passions les plus ardentes et les plus diverses, les besoins les plus impérieux et les plus nombreux sera fatalement condamné à la souffrance dans une mesure corrélative.

Si donc, comme nous l'avons dit, le souverain bien individuel consiste dans l'équilibre entre les besoins et la possibilité de les satisfaire, l'acquisition, la multiplication, le développement incessant d'instincts nouveaux, qui résulte des progrès rapides de nos civilisations, ne peut que nous éloigner du bonheur. Il y a là quelque chose de profondément désespérant qui doit nous arrêter quelque temps. C'est un problème dont la solution est ardue et complexe et qui touche à tout ce qu'il y a de plus grand et de plus élevé dans l'ordre général de l'univers.

II

Les plus heureux de tous ne sont pas ceux qu'on pense.

Cette sorte d'antinomie morale, qui tendrait à faire des êtres supérieurs les êtres les plus malheureux, se constate aussi bien dans l'ordre des sensations physiques et des passions animales les plus grossières, que dans l'ordre moral et intellectuel le plus élevé. Ce ne sont pas seulement les besoins les plus violents et les plus rudimentaires de l'existence organique qui deviennent plus difficiles à satisfaire à mesure qu'ils s'affinent et se multiplient; il faut constater cette progression surtout dans l'ordre des sentiments moraux, affectifs ou esthétiques, et des passions supérieures de l'entendement. L'appétit du beau, le besoin du luxe, les suggestions de la vanité, de l'orgueil, les ambitions de la gloire ou du pouvoir, dominent encore plus tyranniquement, dans les conseils de la volonté, que la faim animale ou sexuelle. On peut même dire que les passions supérieures doivent à la grandeur de leur objet, à la hauteur indéfinie de leurs aspirations, d'être les seules inassouvissables, en même temps que les plus variées dans leurs manifestations, et les plus intenses, quant aux jouissances qu'elles procurent.

Si l'homme civilisé de nos grandes cités ne peut, sans souffrance, se nourrir d'aliments grossiers; s'il ressent des privations réelles, quand lui manquent quotidiennement ces produits supérieurs de notre agriculture et de notre industrie que les peuples sauvages ne soupçonnent même pas, et que les paysans, les ouvriers, qui les produisent, se refusent eux-mêmes stoïquement, et sans vraie privation ; s'il souffre du froid ou de la chaleur, quand les neuf dixièmes des hommes de même race, mais autrement accoutumés, pourtant sous le même climat, n'en sont pas incommodés; s'il lui faut les jouissances de l'art, les délicatesses du goût, cette élégance du vêtement et de l'ameublement que nos populations rurales ne seraient pas même capables d'apprécier; c'est par suite d'une sensibilité morale acquise qui, développant chez lui toute une gamme de passions nouvelles, le rend susceptible de souffrances bien plus intenses que celles qui peuvent résulter des privations et des douleurs, purement physiques, auxquelles il reste néanmoins exposé, tout comme un autre, par les fatalités de sa nature organique.

Avec une sensibilité aussi délicatement excitée, où mille cordes vibrent, pour jouir ou pour souffrir, les passions affectives sont plus vives et plus impatientes des obstacles, et, en même temps, arrivent plus vite à la satiété. Ce n'est pas une femme qu'il faut à un tel homme, mais telle femme entre toutes. Puis, après celle-là, telle autre. Ses désirs ont la violence des passions morbides. Les contrariétés de l'orgueil blessé, de la vanité souffrante irritent ses appétitions purement organiques. Le moindre échec à cet orgueil, la moindre déception de cette convoitise est une torture plus vive que celle de la faim. L'insuccès d'une tentative politique, celui d'une œuvre d'art, un échec littéraire ou oratoire causent à certains représentants des classes cultivées des souffrances plus intenses que l'amputation d'un membre et tout aussi réelles. On en voit qui supportent courageusement une maladie aiguë et longue, une opération douloureuse et qui cèdent au découragement et à la tentation du suicide, parce qu'ils ont été trahis, trompés dans leurs affections ou leurs ambitions.

Enfin, chez ces natures, si éminemment sociales, vibrantes surtout des passions intellectuelles, le sentiment sympathique de solidarité est si puissamment développé que le spectacle du mal ou de la douleur, chez autrui, leur cause un insupportable mal-être. Le sentiment de haine contre les auteurs de cruautés inutiles, de délits et de crimes particuliers, ou de désordres généraux dans la communauté sociale, les passionne, les irrite, peut les rendre, à leur tour, injustes et cruels envers des coupables dont ils ne comprennent pas les motifs déterminants et dont la nature passionnelle leur est devenue une énigme, parce qu'ils ne jugent pas les choses selon les mêmes normes.

De là, ces émotions violentes causées par le jugement d'un criminel; de là ces puissantes passions politiques qui s'exaspèrent surtout dans nos grandes cités, où, presque toujours, elles ont pour cause profonde, sinon pour prétexte, une guerre, non de famine, mais de jouissances, entre les appétits éveillés, mais inassouvis, des classes populaires, et les sensibilités, plus délicates, rendues plus insatiables de nouveaux plaisirs par satiété même, des classes riches. Les populations rurales, d'un développement plus lent, tenues loin du spectacle excitant des plaisirs urbains et des jouissances du luxe mondain, plus paisiblement attachées aux instincts héréditaires et à leurs calmes satisfactions, et que rien ne trouble dans leur équilibre passionnel, se mêlent rarement à ces conflits, dont, presque toujours, elles condamnent les auteurs, parce qu'elles sont peu en état de comprendre les mobiles qui les dirigent.

Les rapides communications d'esprit à esprit, de conscience à conscience, qui ne sont possibles que dans les grandes agglomérations urbaines, y développent, chez les représentants des dernières castes sociales, des sentiments de solidarité que l'isolement égoïste du paysan ne saurait éprouver. Dans ces fournaises tumultueuses de nos grandes capitales, les intelligences, surexcitées sans cesse par des sensations nouvelles et par des privations douloureuses, qui s'imposent en face de surabondantes superfluités, comprennent vite qu'aucun ordre équitable ne semble avoir présidé à cet étrange partage des biens et des maux dont la loi générale et la finalité leur échappent.

Croyant, trop aisément, sur la foi de leurs tribuns, trop souvent plus éloquents qu'instruits, qu'un ordre très différent pourrait être établi et subsister, elles s'attachent à des doctrines illusoires dont le seul effet immédiat est, le plus souvent, de leur faire sentir plus vivement leurs souffrances et d'exciter en elles, avec le désir douloureux des jouissances dont elles ont le spectacle, des besoins nouveaux, des instincts plus multiples, germe de passions que la satiété même ne ferait qu'irriter sans les satisfaire. Car, en face des satisfactions plus grandes qui leur seraient refusées, les satisfactions, toujours incomplètes, que donneraient à ces natures brutes les jouissances qu'elles envient, ne pourraient procurer qu'un court instant de répit à leurs convoitises, promptement croissantes, avec la possibilité de les satisfaire. Presque toutes transplantées violemment des milieux agricoles au sein d'un milieu urbain, dans la durée de quelques générations, elles n'ont pas été préparées à les modérer, par leur culture éducative ou héréditaire.

Ces lois, d'un caractère si fatal, si alarmant pour le progrès, comme pour le repos de nos sociétés, sont vraies dans toutes les classes et dans toutes les races, dans les villages et dans les petites villes, comme dans les grandes capitales; mais leurs effets sont croissants avec les richesses accumulées dans les grands centres de populations, et avec le spectacle des plaisirs que ces richesses procurent à ceux qui les possèdent, constamment rapprochés des privations navrantes de la misère qui côtoie les chemins où le luxe se déploie, comme pour exciter l'envie, faire naître des désirs et des passions inassouvissables.

Aussi voit-on mainte fille de campagne, jusque-là heureuse, dans son village, d'avoir chaque jour à sa suffisance du pain, du lait, des fruits, un peu de viande salée et un bon lit, avec une robe neuve et une coiffe blanche pour les dimanches, une fois domestique à Paris, se trouver très malheureuse de travailler moins qu'aux champs, de se lever deux heures plus tard, mais de ne pas boire le même vin que ses maîtres, quand elle se contentait si bien chez elle de piquette de pommes. La vue des toilettes de sa patronne, qu'elle voit porter d'ailleurs sur nos trottoirs par d'anciennes payses, ses compagnes, la fait livrer son avenir au premier homme qui lui achète un chapeau ; sa première ambition étant toujours de quitter sa coiffe. Et si elle a quelque beauté, que le hasard la lance dans un certain milieu, parfois, en moins d'un an, elle deviendra l'une de ces courtisanes insatiables dont toutes les vanités coûteuses, toutes les recherches du plaisir, du luxe, de la volupté ne peuvent apaiser les appétits toujours croissants, et qui finissent souvent par périr dans le dénuement, après avoir abusé de toutes les joies les plus coûteuses.

Cette insatiabilité des désirs se manifeste beaucoup plus chez les individus des deux sexes, rapidement parvenus, sinon à la fortune, du moins à la jouissance, que chez ceux qui en ont acquis l'habitude, en quelque sorte, héréditaire. Une fois arraché à son milieu natal, à ses habitudes de famille, d'enfance et d'éducation; à cette vie, presque instinctive, des populations longtemps arrêtées à quelqu'une des stases où nos sociétés se sont successivement attardées; à cette immobilité séculaire où chaque action devient comme reflexe, et où, le besoin étant régulièrement et aisément satisfait dans la juste mesure où il est ressenti, la passion n'est pas irritée par la privation; il semble que l'être humain devienne, par un soudain changement d'habitudes, la proie de passions toujours changeantes, de désirs toujours renouvelés, de besoins déréglés, morbides, inconscients de l'objet qui peut les satisfaire et toujours croissants en intensité, en vivacité, en variété. On pourrait dire de ces êtres transplantés dans un nouveau milieu, greffés comme sur une autre race, qu'ils sont métis par les habitudes, comme les produits de races inégales sont métis par les instincts héréditaires.

Une fois que l'individu humain, homme ou femme, déclassé, isolé de ses congénères sociaux, est lancé dans cette voie, avec son imagination toujours inquiète et ses curiosités toujours renaissantes, rien ne semble pouvoir l'arrêter; car rien ne peut plus le satisfaire. La satisfaction même d'un caprice ne fait que l'exciter à essayer d'autres caprices; à moins qu'une forte culture intellectuelle, un sentiment profond du bien moral, de certaines délicatesses esthétiques ou éthiques dans ses passions elles-mêmes, et, plus que tout, quelque passion affective directrice, ou la conscience d'un certain devoir social ne vienne lui servir de frein. C'est ce frein, d'ordre intellectuel, qui, trop généralement, n'existe pas chez les parvenus du hasard, sortis subitement des classes populaires et surtout des classes rurales, moins aisément accessibles à la haute culture de l'esprit, ou aux conseils d'individualités supérieures les dominant par l'affection, le respect ou l'amour.

Les femmes, dont l'enfance et la jeunesse se passent, au milieu des autres femmes, dans les occupations toutes manuelles de la famille, acquièrent, dans ce cadre étroit et monotone, une sensibilité plus vive, parce qu'elle est moins émoussée. En même temps elles y demeurent plus asservies à l'instinct, parce que leur intelligence y est moins développée que celle des hommes, qui reçoivent tous, plus ou moins, une sorte d'éducation rudimentaire dans les mutuels contacts de leur vie plus extérieure. Aussi semblent-elles arriver, plus vite encore que les hommes, à cette insatiabilité de la jouissance, dès qu'on les arrache à ce milieu natal. Quand surtout, se délivrant du frein de la pudeur qui, seul, en l'absence de tout autre, peut les retenir quelque temps, elles rompent la chaîne des habitudes héréditaires et sortent de l'existence reflexe, comme d'une sorte de sommeil fœtal ; leur volonté se trouve tout à coup livrée, sans contre-poids, aux surprises de la curiosité, aux caprices du désir, aux poussées internes de passions nouvelles, nées de sensations inexpérimentées et de besoins jusque-là inconnus, qui germent les unes des autres, par une génération d'autant plus rapide que les émotions qui les provoquent, éveillent en elles l'appétit de la jouissance, avec la faculté de jouir, sans y développer celle de penser et de juger.

Si l'éducation première des femmes, l'ignorance dans laquelle elles sont tenues à tous égards, la sévérité même des mœurs de leur premier milieu social et l'infériorité de leur culture intellectuelle sont les facteurs de la suractivité passionnelle dont elles se montrent ensuite capables ; de même, les jeunes hommes des hautes classes, qui, comme elles, ont, presque tous, une enfance sévère, sous la règle austère des collèges, où, parfois, comptant sur un patrimoine futur, ils travaillent peu, une fois échappés à leurs mentors et tout à coup lancés dans la vie, avec tous les moyens de jouissance que donne la richesse, n'y deviennent, le plus souvent, que les complices et les corrupteurs de ces paysannes transformées en Phrynés. Comme celles-ci, ceux-là ne sont que des parvenus de la fortune, des échappés du bagne de la privation, qui semblent n'avoir plus d'autre but que de trouver des compensations aux heures qu'ils jugent avoir perdues jusque-là pour le plaisir.

Parvenus de naissance ou parvenus du hasard, sans phases transitoires entre l'extrême dépendance et l'extrême licence, leurs irascibles appétits, jusqu'àlors comprimés, sont excités, plutôt que satisfaits, par des jouissances qui n'ont été conquises par aucun travail, aucun effort moral, aucune lutte de la volonté poursuivant, avec persévérance, un but qui ne peut être atteint que par des sacrifices multipliés. De sorte que la moindre privation devient une vive souffrance pour ces natures livrées à l'instantanéité du caprice, et d'autant plus irritables par la contrariété que la culture de l'esprit est moins développée en elles.

C'est sous ce dernier rapport seulement, qu'on peut constater entre nos viveurs et nos viveuses, entre les paysannes devenues Phrynés et leurs complices des hautes castes, certaines différences profondes. Ceux-ci se blasent, s'arrêtent, après un premier élan fougueux de leurs passions, dans lequel, cependant, ils conservent certaines limites marquées par des préjugés traditionnels de race, qui leur tiennent lieu de frein moral. Chez celles-là, au contraire, la sensibilité brutale semble s'exaspérer par la satisfaction même. Dans leur affollement passionnel, se perd toute trace de ces sentiments moraux qui, pourtant, leur ont souvent été inculqués dans l'enfance. Pour elles toute tradition héréditaire est effacée ; les mœurs de l'espèce ont disparu dans l'évolution, sans contre-poids, de cet égoïsme absolu, dont la maternité même, pourtant, le plus puissant des instincts chez la femme, parfois ne peut triompher.

Ces effets de l'affollement sensuel sont si peu spéciaux à la nature féminine, qu'on les voit se produire souvent, soit chez certains descendants mâles des hautes classes qui, ruinés par leur folle jeunesse, ne savent plus demander à la vie de plaisirs que de honteux moyens d'en jouir encore ; soit chez des hommes qu'un hasard de la fortune a tout à coup favorisés, et auxquels une aubaine imprévue a permis soudain de se jeter dans la vie à grandes guides. Le plus souvent, non sans exception, ils nous montrent, chez le sexe viril, des faits presque exactement corrélatifs à ceux que nous constatons chez nos courtisanes de basse extraction, avec ces différences qui résultent seulement de ce que les préjugés sociaux tolèrent à tort chez l'homme des vices qu'ils ne pardonnent pas aux femmes.

En somme, chez tous ces élus de l'aveugle fortune, qui se sont trouvés par hasard au bord de l'ornière que trace capricieusement sa roue, en écrasant trop souvent sur son passage le vrai mérite, on constate, généralement, avec un arrêt de développement intellectuel, une absence plus ou moins totale de ces passions morales supérieures qui sont la sauvegarde des familles où se perpétue depuis longtemps une éducation héréditaire, et surtout de ces sentiments de dignité personnelle et d'honneur qui sont le frein nécessaire des hautes classes sociales. De sorte que le parvenu, arrivé à la richesse sans travail et sans avoir subi la discipline d'une certaine culture d'esprit, ne pouvant avoir d'autre mobile d'action que l'ivresse de ses désirs, montrera, contre les obstacles qui s'opposent à leur satisfaction, une irritation d'enfant gâté ou de bête fauve. S'il voit s'écrouler sa fortune sous les abus mêmes qu'il en fait, il peut arriver au crime, tout au moins à ces actions malhonnêtes à l'aide desquelles une conscience peu délicate parvient à abuser l'opinion et à tourner la loi. Pour conserver des biens acquis sans mérite et sans droit, ou pour les accroître encore, il ne reculera peut-être devant aucune de ces hontes, où de plus hautes natures verraient des souffrances plus vives que les jouissances qui en seraient le prix.

Il en est autrement des parvenus du travail, du talent et de l'intelligence, qui savent généralement faire un judicieux emploi des moyens de jouir qu'ils ont acquis, et qui sentent, par expérience, que la modération dans les désirs est un art de les mieux satisfaire. C'est que les vainqueurs légitimes et glorieux des batailles de la vie sont presque toujours des natures d'élite, heureusement douées et équilibrées.

Mais, trop souvent aussi, les fils de ces triomphateurs légitimes se hâtent de dévorer la moisson de travail et de gloire de leurs pères dans les débauches précoces et la vie à courre, où l'on demande à l'usurier de quoi satisfaire les courtisanes, et, où l'on escompte l'héritage paternel, en même temps que les forces de l'âge viril. Cela ne tend-il pas à prouver qu'il faut plus d'une génération pour fixer la moralité, la noblesse native d'une race; et que, ni l'éducation même, ni le milieu social ne peuvent prévaloir contre les instincts ataviques, résultant de l'entrecroisement sans choix des lignées qui expose le plus digne père à élever les plus indignes fils ?

Toute l'histoire des civilisations, de leurs progrès et de leurs décadences, montre que l'influence exercée sur elles, par l'insatiabilité inintelligente des parvenus de hasard, arrivés rapidement, sans travail et sans mérite personnel, à la fortune, est essentiellement corruptrice; qu'une sorte d'éducation individuelle et héréditaire est nécessaire à l'exercice légitime et moral de la faculté de jouir; que l'accession, trop rapide et injustifiée, des couches sociales, jusque-là inférieures, aux jouissances du luxe et de l'art a pour effet immédiat l'abaissement des mœurs et des caractères, la corruption du goût et la décadence de l'art lui-même, sous ses formes les plus élevées.

Ainsi, les riches profits des commerçants, grecs, exploiteurs du travail des esclaves, précédèrent de peu la chute de la puissance d'Athènes, et firent du nom de Corinthe le synonyme de lieu de débauche. L'arrivée au pouvoir des affranchis romains et l'abus des adoptions précipitèrent la décadence de l'empire, où la courtisane prit une place prépondérante sur celle de la matrone. La contagion du luxe latin corrompit la Gaule; les barbares francs et germains ne prirent à l'empire que ses vices et ses superstitions; les richesses des marchands italiens et flamands payèrent les artisans du xvie siècle, plutôt que ses artistes; les abus des financiers du xviiie siècle ont, plus que les abus de la noblesse, rendu la révolution inévitable et préparé ses excès; enfin, les races, hier encore barbares, qui donnent aujourd'hui naissance à des peuples qui empruntent de nous nos instruments de civilisation, ne semblent pouvoir les employer qu'à l'abus des jouissances sensuelles, sans arriver au beau, au vrai, au bien.

III

Le mal, ressort du progrès.

Si l'intensité croissante de la jouissance est toujours corrélative d'une intensité, plus rapidement progressive, de la douleur, il résulte de ce double accroissement en sens divergents une diminution réelle dans la résultante du bien individuel; et la loi du bonheur se pose comme une antimonie fatale.

Cependant, cette sorte d'anomalie logique et de contradiction antinomique, qui, au premier abord, semble monstrueuse, trouve sa raison d'être, sa condition et sa finalité dans l'ordre général des choses.

En effet, chez une minorité, un moment

privilégiée, en apparence, mais, au contraire, desservie par le hasard : puisqu'elle semble condamnée, par l'abus, en quelque sorte fatal, de ses privilèges mêmes, à une décadence rapide et douloureuse, faisant suite aux agitations stériles de la poursuite d'un bonheur qui la fuit ; cet accroissement, presque morbide, de la sensibilité individuelle peut, néanmoins, contribuer à l'accroissement du souverain bien général et au progrès total de l'espèce.

Tel paraît être en réalité son effet ultime.

Nos classes populaires vont contre leur but, quand elles se plaignent de la distribution inégale des richesses, qui permet aux uns de folles prodigalités, tandis que les autres n'ont pas même le nécessaire. Un partage égal de tous les biens aurait pour effet immédiat d'augmenter la pauvreté, de la rendre universelle, sans profit pour personne. Les pauvres d'aujourd'hui ne seraient ni plus riches, ni plus heureux. Ils le seraient probablement moins, et n'auraient que cette consolation de voir tout le monde aussi malheureux. Certaines misères exceptionnelles, dues à des causes physiques d'ordre fatal, à des accidents biologiques inévitables, à des vices moraux, à des inactivités et à des inaptitudes individuelles, dont il est bon, dans l'intérêt général de l'espèce, de ne pas encourager la multiplication, dans l'hypothèse d'une distribution égale des biens disponibles, ou ne pourraient jouir de leur part, ou, bientôt, l'auraient dispersée.

Une répartition égale de toutes les valeurs créées, aujourd'hui disponibles dans nos grandes sociétés, aurait pour conséquence de les anéantir, comme capital reproducteur virtuel, pour ne leur laisser que leur utilité directe, comme revenu actuel. Cette répartition ne donnerait à personne la possibilité de vivre sans travail, et diminuerait pour chacun la quantité totale de travail disponible, tout en exigeant de chacun une plus grande somme d'efforts et de labeurs pour une même somme de jouissances produites. Qu'on suppose seulement nos chemins de fer devant être exécutés par l'épargne du prolétariat ou de nos propriétaires ruraux, jamais ils n'auraient pu être construits. Qu'on se figure l'État obligé de demander son budget à toute une nation dont le revenu total suffirait à peine à lui procurer le nécessaire ; comment assurerait-il tous les services publics sans pressurer affreusement toute la masse des citoyens ?

Dans tous les pays où n'existent pas de grandes fortunes, la misère n'est pas moins grande. Elle y est plus grande parfois ; car le travail y manque. Il y est moins rétribué, quoique réparti dans les rangs de populations plus clair-semées. Il ne faut, pour en avoir la preuve, que comparer nos grandes villes à certaines provinces, où presque tout paysan est un petit propriétaire.

Si tous les pays très peuplés sont aussi des pays où existe une grande inégalité des fortunes, c'est qu'en somme cette inégalité des fortunes est utile à la multiplication de la quantité de vie humaine possible et à la somme des biens dont elle dispose. A quantité égale de capitaux, évalués à leur valeur relative d'usage, et non à leur cours nominal, qui dépend de leur rareté, la répartition la plus égale, qui en serait faite, serait la moins favorable à l'accroissement de la richesse publique et de la population même.

Si chaque famille, dans un État, avait juste de quoi vivre sur son sol, supposant que cette répartition put être durable, chacun ne travaillant que pour soi, juste dans la mesure de ses besoins, n'augmenterait jamais sa fortune, ou ne l'augmenterait qu'au prix de toutes les privations. Même en ce cas, elle augmenterait bien plus lentement que la division des héritages ne la diminuerait à chaque génération, et chaque famille serait ainsi conduite à ne mettre au monde que juste le nombre d'enfants qui pourraient vivre en se la partageant. Ce serait la dépopulation à court délai. Ce serait, de plus, l'arrêt fatal de la grande industrie et de toute puissante action collective. Ce serait le retour inévitable aux procédés économiques et aux conditions sociales de l'état barbare. Avec la diminution de l'échange des services, ramené à se faire surtout en nature et seulement entre voisins, disparaîtrait cette division du travail et cette localisation des fonctions qui, dans toute collectivité sociale, comme dans l'individu biologique, est la norme absolue de la supériorité organique.

Le ressort du besoin, du désir non satisfait,

l'ambition d'accroître, avec sa fortune, la possibilité de jouir en repos, avec sécurité, du travail accompli, du profit réalisé, a toujours été l'éperon enfoncé aux flancs de l'humanité pour la pousser en avant. Elle s'arrêterait le jour où les besoins cesseraient de se multiplier, de s'accroître; où toutes les ambitions seraient bornées par une limite infranchissable. Elle s'arrêterait, encore qu'on put supposer tous les instincts satisfaits, toutes les passions arrivées à la satiété, toutes les ambitions possibles réalisées. La douleur est le vrai moteur du monde et l'humanité heureuse cesserait d'être l'humanité. Si c'est son malheur, c'est aussi sa grandeur et sa gloire.

Cette fatalité antinomique, qui la conduit à la poursuite d'un souverain bien total qu'elle ne réalisera jamais complètement, bien qu'elle en approche sans cesse de plus en plus, lui est commune avec toute la nature; puisque nous avons montré, déjà précédemment, que, sans un sentiment de gêne de la matière même, son mouvement est inexplicable et que, sans le mal, c'est le monde physique tout entier qui se tomberait dans l'immobilité inconsciente et dans le néant apathique de la volonté et de la sensibilité.

Nous avons déjà montré ailleurs [1] que chaque passion, quelque folle qu'elle soit, chaque besoin qui naît chez les riches prodigues, chaque caprice de l'imagination, de la sensibilité, de la satiété vicieuse elle-même, est un champ nouveau à exploiter, sur lequel peuvent vivre un certain nombre de travailleurs qui, sans cette extension nouvelle de la quantité de travail disponible, n'auraient pu trouver place au banquet de la vie, toujours trop étroit pour les convives qui s'y présentent.

Que les richesses soient entre des mains dignes ou indignes, que des avares les accumulent ou que des dissipateurs les dispersent, il suffit que, fatalement, ces richesses passent aussitôt en d'autres mains, par échange, ou à la génération suivante, par héritage, pour que leurs effets heureux soient les mêmes sur le bien-être total de la population. La richesse accumulée par les uns féconde le travail, rend possible la

[1] Voy. la *Justice et les inégalités sociales*, *journal des Économistes*, 15 décembre 1870.

grande industrie, le progrès de son outillage, l'application des nouveaux procédés découverts ; la richesse prodiguée fait vivre cette industrie en payant ses produits, et son rôle n'est pas moins utile que celui de la richesse avare. Que les fils des grandes familles se ruinent à combler de luxe de courtisanes avides; que les richesses passent à travers ces folles mains, comme dans un crible, ou s'accumulent en des mains économes, comme capital ou comme revenu; elles n'en sont pas moins répandues entre les rangs des travailleurs qui en vivent, et qui, sans elles, ne vivraient pas; parce qu'après tout, chaque bouche ne mange que pour un, comme quantité, sinon comme qualité. Toute valeur des choses se réduit, en somme, à un certain nombre de portions alimentaires quotidiennes, qui la représentent en dernier ressort, et qui vont, se distribuant de rang en rang, à travers toute la population active, sous forme d'échanges de valeurs ou de services, jusqu'au dernier qui l'absorbe.

L'on peut regretter, il est vrai, au point de vue moral, au point de vue éthique et éminemment social, que les plus grandes jouissances, comme qualité et variété, soient momentanément le partage des plus immondes et des plus nuisibles représentants de l'humanité mâle ou femelle; mais ce rapide passage de la richesse dans l'écumoire des vices sociaux n'en diminue, ni la valeur active, ni la quantité utile, au point de vue du bien-être matériel de tous les travailleurs, et n'en change même pas sensiblement la distribution finale.

Le seul effet réellement fâcheux qui en résulte est la contagion du vice par le mauvais exemple; c'est la multiplication de ces existences parasites qui peuvent gangrener, plus ou moins profondément, les divers rameaux d'une race et en atteindre le tronc lui-même; quand elles ont pour conséquence d'apporter dans les relations et les affections de famille un trouble qui, toujours, a pour résultat une diminution de natalité ethnique, ou, tout au moins, de bonheur domestique. Heureusement, ces parasites malsains, avec les rameaux sur lesquels ils s'attachent, sont eux-mêmes atteints d'une stérilité relative ou absolue qui ne tarde pas à les faire tomber d'eux-mêmes, comme les branches mortes d'un arbre. C'est donc un mal qui tend à s'extirper, à se guérir de lui-même. Mais, si tout l'arbre est atteint, c'est tout l'arbre qui périt, et la mort des nations n'a guère d'autre cause.

C'est donc à la conscience publique de sauver les mœurs, gardiennes du salut de l'espèce, par ses légitimes anathèmes contre ces bourgeons stériles de nos vieilles civilisations, contre ces phalanges de courtisanes, et celles de leurs courtisans, qui déplacent la jouissance et la détournent de son but qui est de récompenser le travail utile et les actions méritoires.

Cette plaie de nos mœurs, d'ailleurs, tient à un état, évidemment transitoire, de nos sociétés, mal équilibrées sur des principes éthiques faux et sur des erreurs de jugement séculaires. Elle disparaîtra progressivement, sous l'influence d'une culture intellectuelle plus haute, plus universellement répandue, et d'une éducation publique fondée sur des principes d'une moralité plus solide, à base plus large et plus scientifique, qui développera dans les masses sociales, des sentiments plus élevés, des instincts plus logiques, des passions plus nobles et le goût de jouissances plus délicates et plus pures.

Le jour où les jouissances supérieures du luxe seraient l'apanage exclusif de ceux qui les méritent le mieux par leurs talents utiles, leurs vertus civiques ou privées ; où les grandes fortunes seraient le juste salaire des services rendus ; où les fils des inventeurs, des révélateurs scientifiques ou industriels, des grands artistes créateurs et des grands citoyens pourraient étaler avec orgueil le patrimoine si justement acquis par leur père, en se faisant honneur de les égaler, tout serait pour le mieux dans la distribution sociale des biens et des maux. Lors même que les descendants de ces grandes et fortes unités humaines dissiperaient follement l'héritage de leurs pères en plaisirs aussi coûteux qu'insensés, qui auraient pour effet de faire bien vite retomber en d'autres mains méritantes des richesses ainsi prodiguées, au point de vue, sinon de la justice, du moins de l'économie sociale, nul ne saurait s'en plaindre.

Le mouvement des temps nous mène vers ce but. Il suffit d'attendre. Si jamais il ne doit être absolument atteint, nous en approcherons sans cesse, et l'effort de tous doit tendre à nous en approcher de plus en plus vite. C'est le grand *desideratum social*, celui auquel tous les autres sont subordonnés, comme des moyens à une fin unique.

En attendant, il suffit de savoir que, si les grands appétits de jouissances, rapidement excités et rapidement satisfaits, n'ont d'autre effet que de surexciter des appétits nouveaux, les victimes de cette antinomie de la loi du bonheur ne peuvent être considérées comme les vrais heureux du monde, comme ceux qui réalisent le mieux l'idéal des fins humaines et des fins de toute vie; mais comme des moyens sociaux temporaires, comme des ressorts dont la tension est nécessaire au mécanisme social, et qui sont destinés à s'user vite en raison de leur tension même. A ces ressorts, certainement imparfaits, mal conçus, l'avenir pourra en substituer d'autres, qui fonctionneront avec une moindre perte de force vive, et seront mieux combinés pour mettre d'accord l'utilité économique et l'utilité morale; mais il importe de bien comprendre que, s'ils peuvent être remplacés avec avantage, ils ne sauraient être supprimés sans ralentir ou arrêter la vie sociale elle-même.

Dès aujourd'hui, il faut constater qu'aux seuls appétits modérés, sages, réguliers, légitimes, sont réservées les satisfactions durables, le calme des instincts assouvis sans satiété, et le juste équilibre des besoins et des moyens de les satisfaire qui seul peut constituer, pour chaque individu, le souverain bien réalisable.

Le jour où, dans l'ordre général du monde, chaque être aurait atteint cet équilibre, toujours cherché, toujours détruit, entre les besoins et leur satisfaction, entre les instincts et les conditions de vie, entre la volonté et la puissance, le bien absolu serait réalisé. Tel est, en somme, l'idéal à poursuivre, le but vers lequel l'organisme social doit tendre, pour corriger l'antinomie qui résulte de l'organisme biologique et passionnel.

Pouvons-nous espérer d'atteindre bientôt ce but idéal? Non. Nous traversons évidemment une phase de progrès rapides, de constantes transformations, qui est contradictoire avec tout état d'équilibre et de repos, puisqu'elle implique le mouvement. Tout change trop autour de nous ; nous changeons trop nous-mêmes ; et nous ne changeons que sous l'impulsion de cette conscience que nous avons de nos imperfections et de celles de notre état social, qui en sont la conséquence. Jusqu'ici, on a cru qu'il suffisait de changer les institutions; il faut aujourd'hui nous dire qu'il faut surtout changer l'homme lui-même ; que nous gardons encore une trop grande part des instincts, des passions, de l'état de conscience des époques antérieures à la nôtre; etat de conscience, passions, instincts qui ont eu leur raison d'être dans les phases que l'humanité a traversées dans sa constante évolution, mais qui sont en contradiction avec son état actuel. L'espèce humaine, qui n'est qu'un développement, une forme supérieure d'un type organique, essentiellement animal, ne fait que d'arriver à l'état réellement humain, qu'elle est loin de réaliser dans toute sa perfection possible. Sa transformation d'être instinctif en être intelligent n'est pas complète; elle n'a pas atteint le niveau définitif le plus élevé de la sociabilité; la conciliation de ses besoins et de la possibilité de les satisfaire n'est pas faite.

C'est justement parce qu'elle n'a pas achevé la phase de ses transformations, d'être individuel, instinctif, vivant tout au plus en familles ou en troupes, en vertu d'actes reflexes, comme les autres primates, ses congénères organiques, en être social, intelligent, délibérant ses actes avec réflexion d'après des séries opposées de mobiles; c'est surtout parce que cette évolution a été trop rapide, et, de nos jours, semble se précipiter plus encore, que l'influence héréditaire atavique n'a pas le temps d'entrer en jeu, à chaque génération successive, pour opérer sa pacification, pour lui rendre doux et faciles les devoirs dont elle comprend déjà la nécessité, sans les aimer encore assez pour trouver de la jouissance à les remplir, et pour lui rendre odieux et pénibles les plaisirs, les biens, les actes qu'elle sait déjà devoir se refuser. Nous traversons un temps de luttes et d'efforts, où le vieil homme, avec ses préjugés **intellectuels**, ses erreurs d'esprit, ses écarts d'imagination, ses instincts dévoyés, ses passions d'un autre âge, héritées d'un autre monde, entrave sans cesse l'homme rationnel nouveau qui naît en lui, qui germe au fond de sa conscience, en quelque sorte dédoublée, et sans cesse tiraillée, comme le Robert-le-Diable de la légende, entre les réalités du passé qui ne veut pas mourir, et l'idéal qui veut devenir et être.

De là, ces contradictions constantes entre nos actes et nos désirs, entre nos volontés et notre pouvoir, entre nos résolutions générales et nos déterminations particulières, entre nos devoirs et nos goûts, entre nos théories et nos croyances, notre foi et notre conduite. Quand nous réfléchissons, nous sommes des êtres humains; et, le temps de la réflexion passé, nous agissons en vertu de l'action reflexe, comme la bête qui survit en nous. La raison dicte nos discours; l'instinct dirige, conduit notre vie. La science ouvre nos yeux, les éblouit, nous montre le chemin à prendre pour arriver au vrai, au bien; l'habitude nous fait lui tourner le dos et nous conduit à l'erreur et au mal.

Il faut donc que nous prenions notre parti de

reconnaître que notre transformation, non seulement sociale, mais spécifique, ne sera complète et achevée que lorsque l'individu humain se sera transformé lui-même. Toutes nos révolutions politiques et législatives seront vaines, tant que ne se sera pas opéré une révolution corrélative dans nos mœurs, d'après de nouveaux principes éthiques plus rationnels.

Mais cette révolution des mœurs ne peut résulter elle-même que d'un nouvel équilibre passionnel et instinctif, plus conforme aux nouvelles destinées humaines et qui ne sera définitivement fixé que par l'action héréditaire. L'éducation peut modifier nos habitudes; mais si l'hérédité n'agit pas, si la sélection n'accomplit pas son œuvre, si à chaque génération l'homme nouveau croise sa jeune race avec des femmes qui continuent d'appartenir au vieux monde, jamais l'habitude ne deviendra instinct : chaque siècle aura à recommencer l'éternelle toile de Pénélope que l'humanité tisse depuis les premiers essais de sociabilité intelligente.

La révolution qui s'accomplit n'est donc pas seulement intellectuelle; elle est et doit être surtout morale. C'est une nouvelle forme de la conscience qui tend à s'établir, grâce aux incitations de l'esprit, plus éclairé sur les vraies lois du monde et sur la place que l'homme y occupe, au sommet de la série organique terrestre. Sous cette influence interne, comme sous l'action externe de conditions de vie nouvelles et d'un milieu social différent, de nouvelles passions germent dans l'organisation morale humaine. De nouvelles cordes s'ajoutent chaque jour à cette lyre, déjà si riche en harmonies. Telles sont les nobles passions du vrai, que les progrès de la science tendent à développer en vivacité, en intensité; du juste, qui devient une aspiration instinctive de la volonté et un frein aux passions égoïstes; du beau, enfin, qui tend à transformer l'amour du luxe individuel, dont profite un seul possesseur, en amour désintéressé et généreux de l'art dont tout le monde jouit.

A mesure que se développeront ces instincts, ces besoins supérieurs, la volonté, soutenue par ces nouveaux mobiles d'action, pourra lutter plus aisément contre les sollicitations des vieilles passions animales qui l'ont, presque fatalement, dominée jusqu'ici, assurant ainsi à la conscience un équilibre plus stable, dans un bonheur fondé sur des jouissances intellectuelles dont l'objet, en quelque sorte infini, n'admet jamais de satiété.

IV

Solution de l'antinomie de la loi du bonheur.

Nous pouvons donc entrevoir déjà une solution théorique de l'antinomie que renferme la loi du bonheur et prévoir un moment où cette solution deviendra pratique.

Si nous avons dû reconnaître qu'une certaine proportion de mal et de souffrance, relativement à la somme totale du bien, est nécessaire à l'existence même du mouvement, du changement et de la vie dans l'univers; qu'elle en constitue le ressort, comme, dans l'humanité, elle sert d'éperon au progrès; cependant on peut admettre que cette quantité négative peut toujours décroître par une loi de progression indéfinie.

Si, d'un autre côté, nous avons vu que la sensibilité pour le mal augmente dans ses manifestations actives ; tandis que la sensibilité pour le bien, sans diminuer peut-être d'intensité réelle, ne se traduit que par une tendance au repos : c'est-à-dire à la conservation de l'état d'équilibre atteint, qu'il n'y a point lieu de changer, puisqu'il est jugé agréable et bon ; on peut en conclure, qu'une moindre somme de mal, plus vivement, plus spontanément, bien que peut-être moins douloureusement sentie, suffira à conserver le mouvement du monde, sa variété, ses changements, et servir d'excitation suffisante au progrès organique et social. De sorte, qu'une moindre somme totale de mal, répartie sur une série d'êtres, croissante en nombre, en variété, en degré, et jouissant d'une somme de biens et de jouissances progressivement croissante, donnera une valeur positive bien plus élevée à la formule du bonheur total de chaque être individuel.

Si nous avons dû constater que, chez l'être

organique et, plus évidemment encore, chez l'homme, les besoins croissent plus rapidement que la possibilité de les satisfaire ; s'il paraît résulter de cette antinomie de la loi du bonheur, que les êtres supérieurs sont en somme, les plus malheureux, étant condamnés à des privations d'autant plus vives que leur faculté de jouir est plus développée ; on peut admettre que cet état d'équilibre, toujours instable, a été une condition même de l'évolution organique qui, après avoir été progressivement précipitée de l'animal à l'homme, peut se ralentir progressivement, chez la forme supérieure définitive qui doit établir son règne intelligent sur le monde terrestre. Il suffirait, en effet, d'un équilibre passionnel un peu différent, d'une atténuation de la sensibilité pour certains biens, et de sa surexcitation pour certains maux, pour diminuer la tension excessive de ce ressort qui semble précipiter sans trêve la volonté vers des jouissances égoïstes, continuellement variées, qui surmènent la sensibilité elle-même et changent en sensations douloureuses ou indifférentes la sensation des plaisirs.

De même que les appétits sexuels, les besoins affectifs, les sentiments d'amour conjugal, maternel ou paternel, filial ou fraternel, sont devenus pour l'individu humain, ou même pour tous les êtres organisés supérieurs, la source des plus vives jouissances individuelles, des plaisirs les plus accessibles et les conditions les plus nécessaires du bonheur, en même temps que ces instincts assuraient la conservation de l'espèce; de même que les sacrifices imposés à l'égoïsme par leur satisfaction, sont devenus faciles et sont accomplis partout avec une sorte de joie et d'entraînement reflexe qui ne laisse pas même prise à la délibération; de même, aussi, on peut croire que des sentiments, des besoins, des appétits analogues se développeront dans l'être humain pour lui rendre facile, agréable, nécessaire, l'accomplissement de ces devoirs sociaux que l'être collectif réclame de l'égoïsme.

Si l'on considère que, chez l'homme, le sentiment de l'honneur, l'amour de la patrie, le dévouement, tout spontané, qui lui fait risquer sa vie pour secourir son semblable, ont déjà toute la force des sentiments et des affections de la famille ; s'ils déterminent chez lui des actes reflexes qui ont toute l'instantanéité de ceux qui lui sont commandés par le soin de sa propre conservation ; il semble naturel d'espérer que, de plus en plus, les combats de la conscience entre le devoir collectif et l'intérêt égoïste, qui n'est qu'une autre forme moins large du devoir, se termineront toujours fatalement et sans douleur sentie, au profit de la sociabilité et de l'espèce. Des sacrifices qui ne seraient plus douloureux, cesseraient d'être des souffrances. Accomplis avec bonheur, ils deviendraient des plaisirs. En somme, tout acte que la conservation de notre individu nous impose, n'est devenu une source de jouissance qu'afin d'assurer mieux son accomplissement. On peut retourner la formule, et dire : Toute race chez laquelle les actes nécessaires à sa conservation sont devenus des sources de jouissance a mieux accompli ces actes et, par conséquent, a été favorisée et conservée à l'exclusion des autres, dans la suite des générations. Il n'est pas douteux aussi que les nations chez lesquelles l'instinct social sera assez fort pour joindre une certaine somme de plaisirs aux actes qu'il détermine, l'emporteront sur toutes les autres dans la concurrence des peuples. C'est ainsi que, jusqu'ici peut-être les races guerrières ont presque exclusivement dominé sur les autres. Mais les races guerrières peuvent à l'avenir être vaincues elles-mêmes par les races travailleuses, industrielles, artistiques, et surtout morales; par celles qui auront un sentiment plus profond de la solidarité sociale et des devoirs qu'elle impose; et qui, en même temps, trouveront les formes de la famille les plus propres à multiplier leurs représentants, ainsi qu'à élever leur niveau de conscience et leur équilibre passionnel. L'avenir appartient aux peuples qui auront les meilleurs mœurs et non à ceux qui auront le plus de soldats et d'armes.

Nous venons d'étudier, avec les conditions possibles d'une diminution du mal senti, celles d'un accroissement possible du bonheur, dans la transformation des sacrifices de l'égoïsme en plaisirs égoïstes. Mais nous avons vu aussi qu'il existe déjà pour l'humanité des sources de jouissances qui, étant illimitées comme quantité, peuvent également croître sans cesse comme qualité et intensité. Ce sont les jouissances d'ordre intellectuel qui ont pour objet ces grandes abstractions morales dont l'humanité, par un secret instinct, a dès longtemps fait les attributs de ses dieux.

Telles sont les grand concepts supérieurs du vrai, du bien, du juste, dont l'ensemble constitue, en réalité, le bien lui-même, dans sa totalité, avec ses sous-catégories, le bon et l'utile.

A mesure que ces passions supérieures se développeront chez l'être humain; à mesure qu'il sera plus susceptible de s'éprendre d'amour pour ces notions abstraites, qui, en somme, ne sont que la généralisation de toutes les qualités positives des choses; ses sentiments sociaux trouveront à en faire une application pratique journalière qui deviendra une source continuelle de joies et de plaisirs très intenses, de l'ordre le plus élevé.

Ces passions ne sont point des nouveautés absolues dans l'organisme psychique. Elles existent déjà à un état plus ou moins rudimentaire, chez tous les représentants bien doués de nos races supérieures et même chez beaucoup d'individus des races inférieures. Il suffit donc qu'elles se développent, évoluent, se renforcent, se généralisent, deviennent aussi puissantes, et même plus puissantes, que les autres instincts, sentiments ou passions, auxquels elles doivent faire équilibre, pour transformer en jouissances les sacrifices de l'égoïsme, qu'elles conseillent ou commandent déjà, mais sans joindre à leurs ordres impératifs la sanction d'une récompense suffisante pour qu'après les avoir accomplis, l'état de conscience soit un état d'équilibre heureux.

C'est donc dans cette évolution des instincts sociaux et des passions intellectuelles supérieures que réside surtout la solution pratique de cette antinomie de la loi du bonheur, qui n'existe que comme un fait transitoire de la conscience, et qui doit se résoudre par suite de ce progrès organique lui-même, dont elle a été, dont elle est, dont elle restera le principal ressort; jusqu'au moment où ce progrès, ayant atteint son dernier terme, il ne restera, pour l'être totalement équilibré et complètement heureux, que la conscience de la possession actuelle du souverain bien réalisé.

V

L'antinomie du bonheur spécifique ou la loi de Malthus et sa solution.

Ce qui est vrai de l'individu, est aussi vrai de l'espèce, et cette progression des besoins, toujours plus rapide que la possibilité de les satisfaire, prend encore ici une forme plus rigoureuse et plus mathématique. La progression des besoins de l'espèce, croissants avec le nombre des individus, en raison géométrique, comme les générations successives, les quantités des substances alimentaires, nécessaires à la satisfaction de leurs besoins physiologiques, ne croissent qu'en proportion arithmétique. C'est la loi de Malthus. On l'a déjà reconnue. Elle est fatale et s'impose dans toute sa rigueur aux vieux peuples dont tout le sol cultivable est occupé. Dans les pays très peuplés, c'est seulement par l'émigration, ou par l'importation des substances nutritives, produites dans les contrées dont la population humaine est insuffisante, que cette loi peut momentanément se corriger. Mais le jour où toute la terre serait envahie par des populations compactes, ses sévérités seraient absolues et sans remède.

Même avec le secours des importations et des émigrations, un remède à la loi de Malthus n'est aujourd'hui possible, que parce que les quantités de produits, industriels ou naturels, qui correspondent à d'autres besoins que les besoins alimentaires, sont pour ainsi dire illimités, comme les passions et les instincts qu'elles ont pour but de satisfaire. Ainsi, l'industrie humaine, d'ici bien longtemps, tout au moins, trouvera toujours, dans l'écorce, du globe autant de métaux qu'elle voudra pour assurer son outillage, c'est-à-dire ses moyens de productions et ses moyens d'échange. Si le combustible naturel venait à lui manquer, la chimie saurait bientôt y suppléer par la découverte d'autres forces motrices. L'humanité aura toujours suffisamment de matières textiles pour vêtir tous les hommes qu'elle parviendra à nourrir. Les jouissances de l'art peuvent se multiplier sans limites, de même que les jouissances intellectuelles. Jamais les couleurs ou les toiles ne manqueront aux peintres, le marbre ou le bronze aux sculpteurs. On pourra toujours imprimer autant de livres que le besoin l'exigera. Quant aux plaisirs affectifs, ils sont d'autant plus illimités qu'ils gagnent en intensité par leur concentration et diminuent, au contraire, quand ils se dispersent.

Pour l'espèce, la question est donc essentiellement, exclusivement alimentaire, et on ne voit de solution au problème que dans une diminution, lentement progressive, de la fécondité et de la raison géométrique d'accroissement de la population, à mesure que la terre se peuplera davantage. Or, ce qui se passe dans nos sociétés civilisées, surtout dans nos sociétés urbaines, et dans leurs classes supérieures, tend à montrer que cette diminution de la loi d'accroissement de la population se fait naturellement, sous l'influence de certaines passions sociales qui contre-balancent et limitent l'intensité des besoins sexuels. Ce qu'il faut craindre même, c'est que cette diminution soit trop rapide, au point de menacer d'infériorité numérique, à court délai, nos races civilisées supérieures, au profit des races inférieures, prêtes à prendre les places vides que leurs aînées en progrès ne rempliraient pas suffisamment.

Pour le moment, donc, il n'y a pas péril d'encombrement humain à la surface terrestre, à condition que des courants émigrateurs, nombreux et en tous sens, servent de déversoirs à nos peuples industriels qui, seuls, peuvent arriver à l'exubérance de la population, parce que, seuls, ils possèdent de suffisants moyens d'échange.

Pendant bien longtemps encore, la loi morale spécifique de l'humanité devra encourager la fécondité, pousser par d'intelligents mobiles passionnels au renouvellement rapide des générations et à une raison géométrique d'accroissement de la population aussi élevée que possible. C'est le seul moyen d'assurer, pour l'avenir, à la race blanche européenne la suprématie numérique qui appartient encore aujourd'hui à la race jaune, sa rivale possible, dont l'accroissement numérique est une sérieuse menace pour les destinées des types humains supérieurs.

On voit donc qu'au fond ces deux antinomies de la loi du bonheur, sous sa forme individuelle et sous sa forme spécifique, tendent à s'équilibrer, à se résoudre, et à se corriger l'une l'autre. Il faut que les races supérieures humaines peuplent rapidement la terre, pour l'emporter contre la concurrence de certaines races inférieures. Mais, pour peupler, elles doivent se nourrir et ne peuvent se nourrir que par l'importation et l'émigration qui, l'une et l'autre, exigent de puissants moyens d'échange et des capitaux disponibles considérables. Ces capitaux, ces moyens d'échanges, ne peuvent être produits que par un accroissement des échanges industriels, par une augmentation incessante de la quantité de produits qui répondent à d'autres besoins que les besoins alimentaires, quels qu'ils soient. Il est donc utile en ce moment à l'espèce qu'il y ait chez elle une sorte de surexcitation de ces jouissances du luxe et de l'art que l'industrie seule peut produire. Car c'est grâce à la satisfaction de ces jouissances que les races humaines supérieures peuvent multiplier, en raison progressive rapide, le nombre de leurs représentants et les répandre de plus en plus sur le globe. Ainsi peut s'augmenter la quantité d'existence humaine possible sous ses formes les plus élevées, en même temps que la quantité de jouissances disponibles à partager entre les représentants des races humaines supérieures; ainsi peut s'accroître d'autant, comme nombre, qualité et intensité, la somme totale du bien au profit de l'humanité.

CONCLUSION.

Le Bien est la somme des jouissances senties par la totalité des êtres conscients; le Mal est la somme de leurs souffrances.

Le *bien moral,* remède ou palliatif du mal, a pour fin d'en diminuer la somme, en augmentant celle du bien par une série de sacrifices des intérêts individuels ou spécifiques à l'intérêt général ou universel. Le *mal moral* est ce qui diminue la somme du bien et augmente celle du mal, par l'empiètement des égoïsmes individuels et spécifiques sur l'intérêt général ou universel.

Le Bonheur absolu ou souverain Bien, pour

chaque sujet conscient, réside dans la plus grande somme possible de jouissance sentie, avec une somme nulle de souffrances.

Le *bonheur relatif* est la somme des jouissances senties, moins la somme des souffrances. Il peut être positif ou négatif, et dans ce cas devient le *malheur relatif*.

Le MALHEUR ABSOLU consisterait dans une somme nulle de jouissances en corrélation avec une somme quelconque de souffrances.

Une somme nulle de souffrances et de jouissances serait *le néant de l'existence consciente*, infirmant la notion de l'existence elle-même comme sujet substantiel et individuel. Or, l'existence consciente étant le premier des biens et la condition de tous les autres, s'il existait dans le monde des êtres inconscients, le monde serait imparfait, et s'ils y existaient en majorité, le monde serait en majorité mauvais.

LA LOI MORALE UNIVERSELLE *a pour fin le bonheur ou elle n'existe pas*. Elle ne peut donc consister que dans l'accroissement total du bien et dans la diminution du mal sentis dans le monde.

Donc, *tout ce qui multiplie, dans le monde, par les plus grands facteurs possibles, le nombre des existences conscientes et leurs variétés, avec la diversité, l'intensité et la somme des jouissances qu'elles peuvent se partager, est moral.*

Tout ce qui diminue ces quantités est immoral.

Tout ce qui ne les augmente ni ne les diminue est indifférent.

Pour chaque espèce d'êtres conscients, en particulier, *tout ce qui est utile à la multiplication de ses variétés, de ses races et de ses individus; tout ce qui accroît la diversité et l'intensité de leurs facultés, avec la somme des biens dont ils peuvent jouir, est conforme à sa loi morale, qui a pour fin son utilité spécifique.*

Tout ce qui diminue ces quantités est contraire à cette loi. Tout ce qui ne les augmente ni ne les diminue lui est spécifiquement indifférent, bien que pouvant avoir dans l'ordre universel ou dans un ordre général plus étendu, une fin utile ou nuisible, c'est-à-dire une valeur, comme moralité ou immoralité.

Enfin, *pour chaque variété, chaque race, ou chaque individu, ce qui lui est utile, ce qui accroît la somme de ses jouissances, la diversité et l'intensité de ses facultés; ce qui, dans l'ordre organique, lui assure la postérité la plus nombreuse et la plus heureuse, est conforme à sa loi morale particulière, dans la juste limite où l'expansion de son égoïsme n'empiète pas sur l'égoïsme légitime des autres représentants de la race, de la variété ou de l'espèce.*

En cas de conflit entre ces diverses lois morales subordonnées à des catégories d'êtres conscients de plus en plus étendus, *c'est la loi la plus étendue qui doit l'emporter* et qui impose aux égoïsmes génériques, spécifiques ou individuels subordonnés, les sacrifices exigés par l'utilité de collectivités supérieures ou plus générales.

Le moyen naturel de multiplication des existences conscientes hiérarchiques, de plus en plus diversifiées comme facultés et modes de jouissances conscientes, c'est le Progrès organique effectué de génération en génération par l'hérédité des facultés acquises.

De cette loi du progrès résulte l'antinomie de la loi du bonheur.

En effet, *le bonheur absolu, pour tout représen-*

tant d'une espèce hiérarchique, consistant dans une somme quelconque de jouissance avec une somme nulle de souffrance, ne peut être réalisé que par un parfait équilibre entre ses besoins sentis et la possibilité de les satisfaire.

Or, chez toute espèce hiérarchique en progrès, *les besoins croissent plus vite que la possibilité de les satisfaire*, et d'autant plus vite que l'espèce progresse plus rapidement.

Cette antinomie est résolue seulement le jour où l'espèce, ayant atteint son plein développement organique et le plus haut degré de son évolution, arrive à l'équilibre entre ses besoins et la possibilité de les satisfaire, c'est à-dire au bonheur spécifique. Alors, ses instincts étant exactement corrélatifs à ses conditions de vie, elle peut et doit cesser de varier, jusqu'à ce que ses conditions de vie, variant elles-mêmes, lui imposent le devoir de nouveaux changements et de nouveaux progrès, sans lesquels elle entrerait en décadence.

La loi antinomique du bonheur est donc le *ressort même de tout progrès spécifique*, ce qui le détermine, le règle, le précipite ou le ralentit. Comme telle, sa réalité s'explique comme une des nécessités les plus impérieuses et comme une des conditions d'existence du monde organique dans sa totalité.

FIN.

OUVRAGES DE Mᴹᴱ CLÉMENCE ROYER

Théorie de l'Impôt ou la Dîme sociale, ouvrage couronné par le Conseil d'État du canton de Vaud, 2 vol. in-8°. Paris, 1861. Guillaumin.

Origine des Espèces, par Ch. Darwin, traduction française, avec préface et notes du traducteur, 1re édition, in-18. Paris, 1862. Masson et Guillaumin. 2e édition, in-8°, 1865. 3e édition, in-8°, 1870, avec une nouvelle préface. Mêmes éditeurs. Épuisée.

Les Jumeaux d'Hellas, roman philosophique, 2 vol. in-18. Bruxelles, 1864. Lacroix et Verbœkhoven. Épuisé.

L'Origine de l'Homme et des Sociétés, 1 vol. in-8°, 1870. Masson et Guillaumin.

Lemark, sa vie, ses travaux et son système. Revue de philosophie positive, sept.-déc. 1868 et janv.-fév. 1869.

BROCHURES ET MÉMOIRES TIRÉS A PART
En dépôt chez Guillaumin, éditeur.

Zoroastre et les Migrations aryennes, extrait de la *Revue de philosophie positive*, 1874. Brochure, grand in-8°.

Essai de Géographie quaternaire, extrait de la *Revue de philosophie positive*, 1877. Brochure, grand in-8°.

Les Ages préhistoriques, extrait de la *Revue de philosophie positive*, 1876. Brochure, grand in-8°.

De la Nature du beau, extrait de la *Revue de philosophie positive*, 1879. Brochure, grand in-8°.

Le Feu, sa découverte et ses usages, extrait de la *Revue d'anthropologie*, 1874. Brochure, grand in-8°. Paris, Leroux.

Les Rites funéraires aux âges préhistoriques, extrait de la *Revue d'anthropologie*, 1876. Brochure, grand in-8°. Paris. Leroux.

Deux Hypothèses sur l'hérédité, extrait de la *Revue d'anthropologie*, 1877. Brochure, grand in-8°, Paris, Leroux.

Le Système pileux chez l'homme et dans la série animale, extrait de la *Revue d'anthropologie*, 1879. Brochure, grand in-8°, Paris, Masson.

Le Lac de Paris, extrait du *Compte rendu de la Société d'anthropologie* de Paris, 1875.

La Justice et les inégalités sociales, extrait du *Journal des Économistes*. Brochure, grand in-8°. Déc. 1870.

La Nation dans l'Humanité. — Les Phases sociales des nations. — Le Groupement des peuples ou l'Hégémonie universelle. — La Dissolution des peuples. — De l'Étendue et de la Forme des groupes nationaux. (Extraits du *Journal des Économistes*, tomes XL, p. 234, 1875; XLIII, juillet 1876; XLVI, p. 271, 1877; III, p. 39, 1878; X, p. 234, 1880.) Brochures grand in-8°.

La Loi du progrès social, lettre extraite du *Journal des Économistes*, tome VII, p. 147, 1879.

Le Percement de l'isthme américain, extrait du *Journal des Économistes*, tome XXXVI, p. 224, 1874, et tome XXXVII, p. 103, 1875. Brochure, grand in-8°.

Lettre d'opportune Fervent à Monseigneur l'Évêque d'Aire. Brochure in-18, Paris, Dentu, 1874.

Les Aryas et leurs migrations, mémoire extrait du *Compte rendu du Congrès d'anthropologie*, 1878. Brochure, grand in-8°, Imprimerie nationale.

La Corrélation des mesures du crâne et des autres parties du squelette, mémoire extrait du *Compte rendu du Congrès d'anthropologie*, 1878. Brochure, grand in-8°. Imprimerie nationale.

Le Darwinisme, extrait du *Dictionnaire des sciences médicales*. Brochure, grand in-8°. Paris, Masson, 1880.

TABLE DES MATIÈRES

PREMIÈRE PARTIE.

L'antinomie du Bien et du Mal.

	Pages.
Préface.	1
I. — Nature logique de l'idée du bien.	3
II. — L'antinomie du bien et du mal.	13
III. — Réalité objective du mal.	22
IV. — Le bien et le bonheur.	34
V. — Le bien et le mal, ressort de la volonté.	44
VI. — Subjectivité des jugements sur le bien et le mal. — Variations de l'idée du bien	55

DEUXIÈME PARTIE.

Formule algébrique du bien absolu dans l'univers.

I. — Le problème du bien doit être posé dans sa généralité	75

II.	— Formule algébrique du bien absolu.	78
III.	— Rapports mathématiques du bien absolu et des éléments premiers du monde	94
IV.	— Le bien existe-t-il pour le monde inorganique?	101
V.	— Pour penser, il faut se sentir être	109
V.	— Conditions de la sensation chez l'être organique.	118
VI.	— Toutes nos sensations sont tactiles.	127
VII.	— Nature hiérarchique de la conscience organique	130
VIII.	— L'unité de substance de l'univers concilie les antinomies de l'entendement.	143
IX.	— Le monde organique n'est qu'une minorité dans l'univers.	151
X.	— L'existence consciente universelle réalise le bien absolu	159
XI.	— Contradictions de l'hypothèse dualiste.	173
XII.	— La quantité du bien peut-elle être augmentée, et la quantité de mal diminuée, dans le monde?	177

TROISIÈME PARTIE.

La loi morale spécifique.

I.	— Loi du bien collectif ou de la moralité spécifique	191
II.	— Existence objective du bien et du mal en quantités relatives variables	195
III.	— Le bien et le mal n'existent que par la conscience	202
IV.	— Les notions du bien et du mal dans la série organique.	208
V.	— La notion du bien et du mal se développe, avec la concentration nerveuse et psychique, chez l'individu, et avec la sociabilité, chez l'espèce.	225
VI.	— Le sentiment du mal se manifeste plus vivement que celui du bien.	232

QUATRIÈME PARTIE.

I. — La loi du bonheur et son antinomie 241
II. — Les plus heureux de tous ne sont pas ceux qu'on pense 252
III. — Le mal, ressort du progrès. 270
IV. — Solution de l'antinomie de la loi du bonheur. . 289
V. — L'antinomie du bonheur spécifique, ou la loi de Malthus et sa solution. 298
Conclusion. 305

FIN DE LA TABLE DES MATIÈRES.

St-Denis. — Imprimerie Ch. Lambert, 47, rue de Paris

OUVRAGES DE Mme CLÉMENCE ROYER:

Théorie de l'Impôt ou la Dîme sociale, ouvrage couronné par le Conseil d'État du canton de Vaud, 2 vol. in-8°. Paris, 1861. Guillaumin.
Origine des Espèces, par Ch. Darwin, traduction française, avec préface et notes du traducteur, 1re édition, in-18. Paris, 1862. Masson et Guillaumin. 2e édition, in-8°, 1865. 3e édition, in-8°, 1870, avec une nouvelle préface. Mêmes éditeurs. Épuisée.
Les Jumeaux d'Hellas, roman philosophique, 2 vol. in-18. Bruxelles, 1864. Lacroix et Verboeckhoven. Épuisé.
L'Origine de l'Homme et des Sociétés, 1 vol. in-8°, 1870. Masson et Guillaumin.
Lamark, sa vie, ses travaux et son système. Revue de philosophie positive, sept.-déc. 1868 et janv.-fév. 1869.

BROCHURES ET MÉMOIRES TIRÉS A PART

En dépôt chez Guillaumin, éditeur.

Zoroastre et les Migrations aryennes, extrait de la *Revue de philosophie positive*, 1874. Brochure, grand in-8°.
Essai de Géographie quaternaire, extrait de la *Revue de philosophie positive*, 1877. Brochure, grand in-8°.
Les Ages préhistoriques, extrait de la *Revue de philosophie positive*, 1876. Brochure, grand in-8°.
De la Nature du Beau, extrait de la *Revue de philosophie positive*, 1879. Brochure, grand in-8°.
Le Feu, sa découverte et ses usages, extrait de la *Revue d'anthropologie*, 1874. Brochure, in-8°. Paris, Leroux.
Les Rites funéraires aux âges préhistoriques, extrait de la *Revue d'anthropologie*, 1876. Brochure, grand in-8°. Paris, Leroux.
Deux Hypothèses sur l'hérédité, extrait de la *Revue d'anthropologie*, 1877. Brochure, grand in-8°. Paris, Leroux.
Le Système pileux chez l'homme et dans la série animale, extrait de la *Revue d'anthropologie*, 1879. Brochure, grand in-8°. Paris, Masson.
Le Lac de Paris, extrait du *Compte rendu de la Société d'anthropologie de Paris*, 1875.
La Justice et les Inégalités sociales, extrait du *Journal des Économistes*. Brochure, grand in-8°. Déc. 1870.
La Nation dans l'Humanité. — Les Phases sociales des nations. — Le Groupement des peuples ou l'Hégémonie universelle. — La Dissolution des peuples. — De l'Étendue et de la Forme des groupes nationaux. (Extraits du *Journal des Économistes*, tomes XL, p. 234, 1875; XLIII, juillet 1876; XLVI, p. 271, 1877; III, p. 39, 1878; X, p. 234, 1880.) Brochures grand in-8°.
La Loi du progrès social, lettre extraite du *Journal des Économistes*, tome VII, p. 147, 1879.
Le Percement de l'isthme américain, extrait du *Journal des Économistes*, tome XXXVI, p. 224, 1874, et tome XXXVII, p. 103, 1875. Broch. grand in-8°.
Lettre d'Opportune Fervent à Monseigneur l'Évêque d'Aire. Brochure in-18. Paris, Dentu, 1874.
Les Aryas et leurs migrations, mémoire extrait du *Compte rendu du Congrès d'anthropologie*, 1878. Brochure, grand in-8°. Imprimerie nationale.
La Corrélation des mesures du crâne et des autres parties du squelette, mémoire extrait du *Compte rendu du Congrès d'anthropologie*, 1878. Brochure, grand in-8°. Imprimerie nationale.
Le Darwinisme, extrait du *Dictionnaire des sciences médicales*. Brochure, grand in-8°. Paris, Masson, 1880.

www.ingramcontent.com/pod-product-compliance
Lightning Source LLC
Chambersburg PA
CBHW050756170426
43202CB00013B/2447